숏폼 영상 편집 제작 및 수익 창출 with 캡컷·생성형 AI

유튜브 쇼츠부터 틱톡, 릴스, 생성형 AI까지!

- 컬러 보정 LUT 200여개 무료 제공
- 샘플 영상 40개 제공
- 2판 생성형 AI 추가

숏폼 영상 편집 제작 및
수익 창출 with 캡컷·생성형 AI

2판 생성형 AI 추가

유튜브 **쇼츠**부터 **틱톡, 릴스, 생성형 AI**까지!

2판 1쇄 인쇄 | 2025년 05월 05일

지 은 이 | 채수창
발 행 인 | 김병성
발 행 처 | 앤써북
편 집 진 행 | 조주연
주   소 | 경기 파주시 탄현면 방촌로 548
전   화 | (070)8877-4177
팩   스 | (031)942-9852
등   록 | 제382-2012-0007호
도 서 문 의 | answerbook.co.kr

I S B N | 979-11-93059-53-1 13000

이 책은 저작권법에 따라 보호받는 저작물이므로 무단 전재와 무단 복제를 금하며,
이 책 내용의 전부 또는 일부를 사용하려면 반드시 저작권자와 앤써북 발행인의 서면동의를 받아야 합니다.

※ 책값은 뒤표지에 있습니다.
※ 잘못된 책은 구입한 서점에서 바꿔 드립니다.

안내 드립니다!
- 이 책에 내용을 기반으로 실습 및 운용 결과에 대해 저자, 소프트웨어 개발자 및 제공자, 앤써북 출판사, 서비스 제공자는 일체의 책임지지 않음을 안내드립니다.
- 이 책에 소개된 회사명, 제품명은 각 회사의 등록 상표 또는 상표이며 본문 중 TM, ©, ® 마크 등을 생략하였습니다.
- 이 책은 소프트웨어, 플랫폼, 서비스 등은 집필 당시 최신 버전으로 설명하였습니다. 단, 독자의 학습 시점에 따라 책의 내용과 일부 다를 수 있습니다.

이 책의 실습 이미지 및 사진 및 영상 파일은 저작권법에 따라 보호받기 때문에 개인 학습을 목적으로 한 사용 외 무단 전재와 무단 복제 및 배포, 가공 그 어떤 2차적 사용을 절대 금지하고 있음을 안내드립니다.
또한 이 책의 일부 이미지는 unsplash와 freepix에서 라이센스를 획득한 프리미엄 이미지를 사용했습니다.

Prologue
머리말

숏폼 영상 왜 인기일까요?

₩짧고 간결한 숏폼(1분 내외) 영상은 오늘날 소비자들의 짧은 집중력과 바쁜 라이프스타일에 딱 맞습니다. 스마트폰으로 간편하게 제작이나 시청이 가능하고, 다양한 플랫폼(Shorts, TikTok, Reels, Facebook)에서 쉽게 공유할 수 있다는 장점도 가지고 있습니다. 한 번 제작된 숏폼 영상을 다양한 플랫폼에서 활용하는 One Source Multi Use(OSMU) 전략으로 시간과 비용을 절감할 수 있습니다. 이 책은 숏폼 영상 제작을 쉽고 빠르게 할 수 있는 가이드 북입니다. 숏폼 중에서 가장 관심이 많은 Shorts를 중심으로 설명하였습니다.

이 책의 전체적인 실습은 Shorts를 중심으로 설명하지만, Shorts 콘텐츠를 만들어서 다른 플랫폼에서도 사용하는 것이 최종 목적입니다.

 스마트폰 하나면 누구나 시작할 수 있는 YouTube, 하지만 경쟁은 치열하고 성공은 쉽지 않습니다. 수많은 채널 속에서 묻히지 않고 꿈을 이루기 위해서는 현명한 전략과 효과적인 콘텐츠 제작이 필수입니다.

그렇다면, YouTube 성공을 위한 최고의 선택은 무엇일까요? 바로 Shorts입니다!

YouTube Shorts는 짧고 재미있는 동영상으로, 새로운 시청자를 확보하고 채널 성장을 가속화하는 최고의 방법입니다.

1. 짧고 빠르게, 폭발적인 인기를 잡으세요!
Shorts는 짧고 재미있는 영상으로 구성되어 빠른 시간 안에 많은 시청자에게 다가갈 수 있습니다.

2. 경쟁은 덜 치열, 찬스는 더 높아요!
긴 영상 제작에 비해 Shorts 제작은 비교적 난이도가 낮고, 경쟁도 덜 치열합니다.

3. 새로운 시청자를 만나보세요!
Shorts는 기존 구독자뿐 아니라 새로운 시청자에게 채널을 홍보하는 효과적인 방법입니다.

4. 수익 창출의 기회를 잡으세요!
Shorts를 통해 충분한 조회 수를 확보하면 광고 수익을 창출할 수 있습니다.

이 책은 YouTube 성공을 꿈꾸는 모든 사람들에게 Shorts로 시작하는 YouTube 성공 전략을 단계별로 소개합니다. 이 책은 단순한 YouTube Shorts 제작 가이드가 아닙니다. 당신의 꿈과 열정을 세상과 공유하며 성공적인 YouTuber로 거듭나게 만드는 비밀스런 지도입니다.

Prologue
머리말

Shorts 제작의 기본부터 전략적인 활용법까지, 단계별로 쉽게 따라 할 수 있도록 설명합니다.

또한, 성공적인 Shorts 채널 운영을 위한 다양한 팁과 노하우를 제공합니다. 이 책을 통해 당신도 Shorts로 YouTube 성공의 문을 열 수 있습니다! 지금 바로 이 책을 통해 YouTube Shorts 전략을 배우고, 성공적인 YouTuber로 발돋움하세요!

이 책에서 다루는 주요 내용은 아래와 같습니다.
- 숏폼, 왜 시작해야 할까?
- 누구나 쉽게 만들 수 있는 Shorts 제작법
- Shorts 콘텐츠 기획 및 제작 전략
- OSMU를 위한 숏폼 제작 방법
- 캡컷을 활용한 영상 편집, 특수 효과 제작법
- 성공적인 Shorts 크리에이터들의 사례
- Shorts 제작에 도움이 되는 팁과 노하우
- 숏폼 제작을 위한 최고의 도구, Capcut의 이해
- 생성형 AI를 활용한 숏폼 영상 기획부터 제작 방법

이 책이 필요하신 분들은 다음과 같습니다.
- 숏폼 영상(Shorts, TikTok, Reels, Facebook)에 관심 있는 사람
- YouTube 채널 성장에 어려움을 겪는 사람
- Shorts에 대한 기본적인 이해를 쌓고 싶은 사람
- Shorts를 활용하여 YouTube 성공을 꿈꾸는 사람
- Capcut을 활용해서 숏폼 영상을 멋지게 만들고 싶은 사람
- 생성형 AI를 활용한 숏폼 영상을 제작하고 싶은 사람

어렵지 않습니다. 아주 쉽게 말씀드리고, 숏폼 제작에 가장 편리한 도구인 Capcut에 대해서도 자세하게 설명해 드리고 있습니다. 이 책을 통해 당신의 숏폼 영상 제작을 통한 수익화의 꿈을 현실로 만들어 보세요!

채수창

Download Book Source and Q&A

책 소스 다운로드 및 Q & A

이 책의 실습에 필요한 책 소스 파일과 긴급 공지 사항 및 정오표와 같은 안내 사항은 앤써북 네이버 공식 카페에 회원 가입 후 책 전용 게시판을 이용하시면 됩니다.

이 책의 실습에 필요한 소스 파일은 앤써북 공식 네이버 카페 좌측 중간 위치의 [숏폼 영상편집 제작 및 수익창출 with 캡컷] 게시판을 클릭하고 "책 소스 및 Q&A 방법" 공지글 속의 [첨부파일 모아보기]-[내PC 저장]을 클릭하여 저장합니다. 또는 책소스 다운로드 전용게시판 주소로 바로 접근 후 다운로드 받습니다.

▶ 앤써북 공식 네이버 카페 https://cafe.naver.com/answerbook

▶ 책 소스 다운로드 전용게시판 바로가기 https://cafe.naver.com/answerbook/5838

앤써북 공식 체험단 참여와 소식 받기

Participate in the official Anwerbook Experience Group and receive news

앤써북에서 출간된 신간 책은 물론 책과 연관된 실습 키트 등 앤써북에서 진행하는 모든 체험에 참여할 수 있고 참여 모집 안내글 소식을 편리하게 받아보실 수 있습니다.

체험단 모집 안내 게시글은 앤써북 카페 공식 카페 체험단 게시판에 바로 접속하거나 [체험단★이벤트★새소식] 게시판(❶)을 누른 후 "즐겨찾기" 버튼(❷)을 누르고 [채널 구독하기] 버튼(❸)을 눌러 즐겨찾기 설정해 놓으면 새로운 체험단 모집 글을 메일로 자동 받아보실 수 있습니다. 체험단 모집은 비정기적으로 등록되기 때문에 채널 구독하기를 설정해 놓으면 편리합니다.

▶ 앤써북 카페 공식 체험단 게시판 바로가기 https://cafe.naver.com/answerbook/menu/150

To inquire about the contents of the book

책 내용 문의하기

책을 보면서 궁금한 내용은 채수창 작가가 직접 운영하는 "채수창 사진 아카데미" 네이버 카페에서 문의하고 답변 받을 수 있습니다. 또한 다양한 사진 강좌 정보를 보실 수 있습니다.

▶ 채수창 사진 아카데미 : https://cafe.naver.com/cch60

Contents
목차

PART I 쇼츠, 새로운 트렌드

01 왜 쇼츠인가? · 14

    01-1 쇼츠를 통한 OSMU(One Source Multi Use) 숏폼 전략 · 15
- 숏폼이 무엇인가요? · 15
- 숏폼 콘텐츠가 인기 있는 이유 · 16
- 숏폼 영상, OSMU(One Source Multi Use) 전략 · 17
- 유튜브, 왜 쇼츠로 시작해야 하는가? · 20

    01-2 쇼츠 알고리즘은 롱폼 영상과는 확실히 다르다 · 25
- 쇼츠는 롱폼과 알고리즘이 똑같은가? · 26
- 조회하기로 선택한 사용자 비율이란 무엇인가? · 27
- 쇼츠 조회수는 어떻게 측정되나요? · 27
- 쇼츠는 몇 초 길이가 좋은가? · 30
- 쇼츠에서 썸네일 역할은 무엇인가? · 30
- 해시태그(Hashtag)는 꼭 넣어야 하나? · 31
- 쇼츠는 언제 업로드하는 것이 제일 좋은가? · 31
- 쇼츠는 많이 업로드 할수록 더 많이 노출될까? · 31
- 쇼츠 조회 수 그래프가 올라가다가 갑자기 멈추는 이유는 뭔가? · 32
- 성적이 좋지 않은 쇼츠는 지우고 다시 올리면 올라가나? · 33
- 쇼츠 때문에 롱폼의 성적이 줄었나? · 33
- 쇼츠의 모든 기능은 왜 모바일과 PC가 다를까? · 33
- 쇼츠는 댓글로 소통하기 어려운데 해결 방안은? · 34
- 쇼츠의 미래를 알려주세요 · 34

    01-3 조회수 폭발적으로 늘리기 위한 핵심과 방법 · 35
- 쇼츠 동영상 조회수가 늘어나지 않는 이유 · 35
- 조회수를 늘리는 유튜브 쇼츠 알고리즘 최적화 방법 · 36

01-4 쇼츠로 구독자 떡상 시키는 방법 · 45
제목과 속도가 중요하다 · 46
썸네일의 단순화 · 47
쇼츠는 기획력이다 · 49
조회수 증가를 위한 태그 사용법 · 52
참고할 만한 국내·외 쇼츠 제작자 · 55

02 쇼츠를 더욱 잘 활용하기 위해 알아야 할 것들 · 56

02-1 쇼츠를 위한 무료 사진과 영상 및 AI로 쇼츠 생성하기 · 57
사진과 영상 무료 사이트 · 57
AI로 쇼츠 생성하기 · 60
Chat GPT와 뤼튼(;wrtn), Bard를 활용해서 대본 만들기 · 61
발표시간 계산기 · 66

02-2 쇼츠를 위한 인공지능 활용 방법 · 68
Chat GPT와 Vrew로 쇼츠 만들기 · 68
뤼튼과 Fliki로 쇼츠 만들기 · 74

02-3 쇼츠에 내 채널 롱폼 영상으로 바로 가는 기능 넣기 · 78
쇼츠에 내 채널 롱폼 영상으로 바로 가는 기능 넣기 · 78
유튜브 채널에 눈에 띄는 외부 링크 추가하기 · 81

02-4 숏폼 플랫폼에 영상 제대로 올리는 방법 · 82
PC에서 Shorts(쇼츠) 동영상 올리기 · 82
스마트폰에서 Shorts(쇼츠) 동영상 올리기 · 85
Reels(릴스), TikTok(틱톡)에 영상 올리는 방법 · 87
쇼츠 동영상 만드는 방법 · 93

02-5 유튜브 쇼츠 저작권 허용 범위 · 99
유튜브 저작권 · 99
유튜브 저작권의 핵심, Content ID · 99
소유권 주장과 경고의 차이 · 101
저작권 걱정 없이 콘텐츠 만들기 · 102

Contents
목차

PART II 숏폼, 영상 편집 제작 with 캡컷

01 캡컷의 기본 기능 • 108
   01-1 숏폼 영상 편집에 최적화된 캡컷(CapCut) • 109
      스마트폰용 캡컷 설치 및 워터마크 제거 • 110
      PC용 캡컷 설치 및 언어 설정 • 111
   01-2 캡컷 편집 메뉴 설명 • 113
      캡컷 메뉴 명칭 알아보기 • 1614
      타임라인의 이해 • 115
      편집 • 116
   01-3 캡컷을 이용한 숏폼 영상 편집 방법 • 123
      초보라면 쉽게, 템플릿 편집 • 123
      내 마음대로 하고 싶다면, 프로젝트 편집 • 126
   01-4 컷 편집 및 영상 순서 바꾸기, 속도 빠르게 느리게 하기 • 128
      영상 편집을 위한 소스 : 사진이나 영상 불러오기 • 128
      재생 버튼으로 영상 전체 모니터링 하기 • 131
      컷 편집하기 • 133
      영상 순서 바꾸기 • 134
      속도 빠르게 느리게 하기 • 134
   01-5 영상 제목과 자막 넣기 • 136
      영상 제목 넣기 • 136
      영상 스토리 자막 넣기 • 138
      자동으로 자막 넣기 • 139
   01-6 영상에 배경음악 삽입하기, 장면 전환 효과 • 140
      캡컷에서 제공하는 사운드 사용하기 • 140
      동영상에서 사운드 추출해서 사용하기 • 145
      음성 녹음해서 사운드 적용하기 • 146
      장면 전환 효과 • 146
      무료 배경음악 추천 사이트 • 147

02 캡컷의 특수 효과 • 150
   02-1 마스크 사용 방법 • 151
      영상 속에 설명하는 인물 동영상 넣기 • 151
      영상을 영상으로 가리기 • 154

02-2 클론, 나를 복제하거나 지우는 방법 · 156
02-3 따라 다니는 영상과 자막, 트레킹 · 158
02-4 사진으로 3D 입체영상 만들기 · 161
03 캡컷의 PC 버전을 이용한 기능 확장 · 162
03-1 캡컷 PC 화면 인터페이스 메뉴 설명 · 163
메뉴 구성 · 164
캡컷 PC 버전 단축키 · 167

PART III 숏폼으로 수익 창출하기

01 틱톡 필터 만들기 · 170
02 수익 창출하기 · 180

PART IV 생성형 AI를 활용한 숏폼 제작

01 생성형 AI가 바꾸는 영상 제작 패러다임 · 186
기존 제작 방식 vs 생성형 AI 활용 제작 · 186
02 숏폼 영상 기획 및 아이디어, 이미지 생성 AI 도구 살펴보기 · 187
03 생성형 AI를 활용한 숏폼 영상 기획 및 스토리보드, 이미지 생성하기 · 188
04 자막, 음악, 편집을 위한 AI 도구 활용 · 198
자동 자막 생성과 번역 · 198
음성 더빙 · 201
배경음악 생성 · 202
05 영상 제작 AI 도구 활용 · 205
Invideo AI를 이용한 영상 제작 · 205
Vrew를 이용한 영상 제작 · 207

PART

쇼츠,
새로운 트렌드

01 왜 쇼츠인가?
    01-1 쇼츠를 통한(One Source Multi Use) 숏폼 전략
    01-2 쇼츠 알고리즘은 롱폼 영상과는 확실히 다르다
    01-3 조회수 폭발적으로 늘리기 위한 핵심과 방법
    01-4 쇼츠로 구독자 떡상 시키는 방법

02 쇼츠를 더욱 잘 활용하기 위해 알아야 할 것들
    02-1 쇼츠를 위한 무료 사진과 영상 및 AI로 쇼츠 영상 생성하기
    02-2 쇼츠를 위한 인공지능 활용 방법
    02-3 쇼츠에 내 채널 롱폼 영상으로 바로 가는 기능 넣기
    02-4 숏폼 플랫폼에 영상 제대로 올리는 방법
    02-5 유튜브 쇼츠 저작권 허용 범위

01

왜 쇼츠인가?

01-1
쇼츠를 통한 OSMU(One Source Multi Use) 숏폼 전략

숏폼이 무엇인가요?

웹 사이트에서 3초 정도만 로딩 지연이 생겨도 바로 나가버립니다. 정보 전달은 빠를수록, 영상은 짧을수록 선택을 더 잘 받습니다. 사람들의 패턴 변화로 긴 영상보다는 소위 '숏폼(Short-Form)'이 대세로 자리 잡았습니다.

숏폼은 15초에서 최대 60초 내외의 짧은 영상으로 제작된 콘텐츠입니다. 숏폼은 2016년 'TikTok'을 시작으로 인스타그램의 'Reels'와 유튜브의 'Shorts'가 있습니다. 조사 결과에 따르면 MZ 세대는, 대세로 떠오른 숏폼 콘텐츠를 80%이상 이용하는 것으로 나타났습니다(2022.7, 대학내일20대연구소) 숏폼 플랫폼이 증가하면서 숏폼을 보는 사용자 층도 10대에서 점차 다른 연령대로 확대되고 있습니다(전 연령 56.5%, 2023 오픈서베이).

숏폼			
주요 키워드	동영상/콘텐츠 쇼츠 최대 60초	일상의 공유 릴스 최대 60초	자신의 표현/즐거움 틱톡 최대 3분
업로드 내용	관심사, 기록, 수익창출	일상/현재의 기록	내가 보여주고 싶은 모습, 관심사
특징	광고, 예고, 정보, 티저 등 기존/신규 채널 보유자들이 다양한 목적으로 쇼츠 제작 및 배포	친구, 지인들과 일상 공유	흥미로운 것, 재미, 챌린지, 퍼스널브랜딩 등 취미나 비즈니스적 용도

표 : 유튜브 쇼츠/인스타그램 릴스/틱톡 비교

숏폼 콘텐츠가 인기 있는 이유

앞으로의 세상은 글과 이미지에서 벗어나 영상이 지배하는 시대입니다. 모든 온라인 콘텐츠의 80% 이상이 영상 콘텐츠가 될 것이라는 연구 결과도 있습니다. 짧은 영상 콘텐츠는 대부분의 사람들이 몇 분 이상 걸리는 콘텐츠를 볼 시간이 없어서 인기가 매우 높습니다. 그러면 사람들은 단순하게 시간문제로 숏폼에 빠지는 것일까요? 단지 그런 이유는 아닙니다. Shorts는 60초 이내의 짧은 영상으로 제작과 편집이 간단하고 시청자들이 보기에도 부담이 없습니다. 또한 스와이프를 통해서 손쉽게 다음으로 넘어갈 수 있어 시청자들에게 몰입도가 높은 환경을 만들어 줍니다. 숏폼 콘텐츠가 인기 있는 이유는 세 가지 정도로 요약할 수 있습니다.

첫 번째, 손쉬운 접근성입니다.

스마트폰 덕분에 사람들은 어디서나 손쉽게 영상을 접할 수 있게 됐습니다. 쉽게 영상 콘텐츠를 접할 수 있다 보니, 짧은 휴식시간이나 자투리 시간에 볼 수 있는 숏폼을 선호하게 되었습니다. 집중해서 볼 필요도 없고, 잠깐 보면서 쉽게 즐길 수 있기 때문입니다.

두 번째, 짧은 시청 시간입니다.

모든 콘텐츠들이 영상으로 대체되면서 하루에도 수없이 많은 영상들이 쏟아져 나옵니다. 하지만 시간이 지날수록 영상 1회당 시청률은 더욱 줄어들고 있습니다. 숏폼이 처음 인기를 끌게 된 10대 연령층에서 평균 시청 시간은 더욱 짧아졌습니다. 2분이 넘어가는 영상보다는 짧고 직관적인 영상을 선호하는 경향이 숏폼 성장을 가속화 시켰습니다.

세 번째, 숏폼은 하나의 놀이 문화로 자리 잡았습니다.

손 쉽게 만들고 올릴 수 있는 특성을 가진 숏폼은 보는 사람뿐만 아니라 만드는 사람도 증가 시켰습니다. TikTok에서 시작된 '참여형 챌린지'는 하나의 놀이문화로 자리 잡았습니다. 롱폼 영상에서 보여주는 일방적인 콘텐츠가 아니라, 놀이처럼 함께 즐길 수 있는 숏폼이 거부감이 들지 않는 것이 사실입니다. 참여형으로 잠재 고객의 참여와 재미를 이끌어 내고 마케팅으로 활용하는 것이 가능해졌습니다.

프랫폼	용도	예시
Shorts (쇼츠)	튜토리얼, 제품소개, 브랜드스토리, 리뷰, 정보	뷰티 : 짧은 메이크업 팁, 제품리뷰 교육 : 핵심개념 요약, 문제풀이 팁
TikTok (틱톡)	짧고 트렌디한 영상으로 바이럴 효과 창출	챌린지 : 댄스, 노래 재미있는 일상, 역사 상식
Reels (릴스)	제품 홍보, 이벤트 진행, 일상 공유	패션브랜드 : 신상품 소개, 스타일링 팁 음식점 : 메뉴 소개, 요리 과정
Facebook (페이스북)	뉴스 피드, 그룹 활용한 브랜드 소식전달, 고객소통	기업 : 회사소개, 고객만족 활동 커뮤니티 : 활동 홍보, 회원 간 소통

숏폼 영상, OSMU(One Source Multi Use) 전략

❶ 넷플릭스 : 넷플릭스는 드라마나 영화의 짧은 예고편, 하이라이트 영상을 제작하여 Shorts, TikTok, Reels 등 다양한 플랫폼에서 공유하며 시청자들의 관심을 유도하고 콘텐츠 홍보 효과를 극대화합니다.

오징어게임 2024 티저영상

드라마 배우 인터뷰 영상

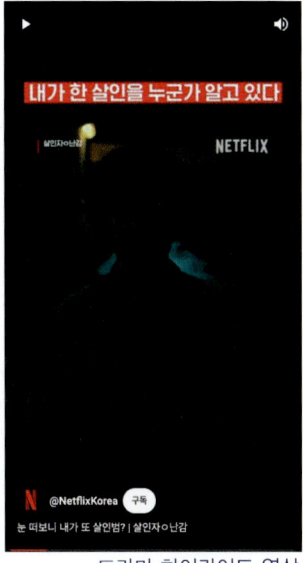
드라마 하이라이트 영상

❷ 레고 : 레고는 한 번 제작된 영상을 유튜브, 틱톡, 인스타그램 등 다양한 플랫폼에 맞춰 편집하여 활용하며 브랜드 인지도를 높이고 있습니다.

　　　레고 플레이 챌린지 영상　　　　레고 사용자 인터뷰 영상　　　　　신제품 홍보 영상

❸ 삼성전자 : 삼성전자는 신제품 출시 시 짧은 제품 소개 영상, 기능 설명 영상, 사용 후기를 제작하여 여러 플랫폼에서 공유하며 브랜드 인지도를 높이고 구매를 유도합니다.

　　　제품 사용법 팁 영상　　　　　제품 튜토리얼 영상　　　　　　신제품 홍보 영상

❹ 나이키 : 나이키는 유명 운동선수들의 짧은 운동 영상을 제작하여 여러 플랫폼에서 공유하며 고객들의 참여를 유도하고 있습니다.

유명인과 하는 챌린지 영상

신제품 홍보 영상

❺ 워너브라더스 : 워너 브라더스는 영화 개봉을 앞두고 짧은 티저 영상, 메이킹 필름, 배우 인터뷰 영상 등을 제작하여 여러 플랫폼에서 공유하며 영화 홍보 효과를 극대화합니다.

메이킹 필름 영상

배우 인터뷰 영상

티저 영상

유튜브, 왜 쇼츠로 시작해야 하는가?

(1) Shorts를 어떻게 활용할 것인가?

YouTube를 시작하는 사람들이 가장 힘들어 하는 두 가지가, 어떤 콘텐츠를 할 것인가와 구독자를 어떻게 하면 빨리 늘릴 수 있을까 하는 문제입니다. 어찌어찌 콘텐츠 문제는 해결했다하더라도 구독자를 늘리는 것이 얼마나 어려운지는 이미 많은 사람들이 말하고 있습니다.

Shorts를 활용 방법에 대해서 많은 것들이 있지만 가장 큰 활용방법은 '신규 구독자 확보'입니다. 롱폼 영상은 해당 동영상을 시청한 사람들을 분석해서, 나이와 직업, 지역, 취미 등의 성향을 바탕으로 추천해줍니다. 하지만 Shorts는 롱폼과는 달리 무작위 다수 시청자에게 노출이 됩니다. 시청자들에게 긴 영상의 하이라이트로 궁금증을 유발하거나, 흥미로운 Shorts로 신규 구독자를 늘릴 수 있습니다. 롱폼 영상은 기획과 제작도 오래 걸리지만 노출과 조회수에 대한 확신도 없습니다. 짧게 만든 숏폼 영상으로 많은 노출을 시도해야 합니다. 이런 이유로 YouTube의 시작을 Shorts로 하라고 권장하고 있는 것입니다.

YouTube Shorts는 전 세계적으로 인기 있는 플랫폼입니다. 2023년 6월 기준으로, YouTube Shorts 월간 활성 사용자 수는 15억 명에 달합니다. 이것은 YouTube 월간 활성 사용자 수의 약 절반에 해당하는 규모이며, 전 세계 인구의 20%에 달합니다. 따라서, YouTube Shorts를 통해 많은 시청자에게 도달할 수 있습니다.

Shorts는 다양한 콘텐츠와 빠른 피드백을 통해서 내 채널 조회 수를 늘리는 데 도움이 됩니다. Shorts로 구독자를 증가시켜서 자연스럽게 내 채널로 유도하거나, 롱폼 영상을 보도록 만들어야 합니다. 궁극적인 목표가 반드시 수익화가 아니더라도, YouTube를 시작할 때 내 채널을 성장시키는 가장 좋은 방법이 Shorts를 통한 시청자 층 유입입니다.

YouTube 채널을 만들고 성장을 시키는 방법은 이제 Shorts가 답입니다. YouTube에서도 신규 크리에이터들이 쉽게 YouTube에 진입할 수 있도록 Shorts에 대한 정책들을 완화하는 중입니다. 심지어 Shorts로 YouTube를 시작하라고 권장하고 있는 상황입니다.

신규 크리에이터가 Shorts로 만든 영상을 올릴 경우 대부분 24시간 정도는 YouTube에서 많이 노출시켜주는 경향을 보입니다.

변경 전	변경 후
구독자 수 1,000 명	구독자 수 500 명
시청시간 4,000시간(지난 365일 간) 또는 쇼츠 조회수 1,000만회(90일간)	공개 동영상 유효 업로드 3회(90일간)
	롱폼 유효 시청시간 3,000시간(1년) 또는 쇼츠 유효 조회수 300만회(90일간)
다른 커뮤니티 가이드 위반 기록이 없어야 함	

쇼츠 YPP(YouTube Partner Program) 사전 가입 기능 추가에 따른 수익화 가능 조건

다시 말씀 드리지만, Shorts의 가장 이로운 점은 바로 손 쉬운 '노출 가능성'입니다. 내 Shorts가 다수의 비구독자에게 제공되어서 잠재 고객을 확보하기 쉽다는 것입니다. Shorts로 YouTube를 시작하는 것이 구독자 확보와 콘텐츠 문제를 해결하는 데 쉬운 방법인 것은 좀 더 구체적으로 다음과 같은 이유가 있습니다.

1) 더 많은 노출과 구독자 증가

Shorts는 콘텐츠를 빠르게 소비할 수 있어서 새로운 시청자들에게 도달하는 기회가 됩니다. YouTube 알고리즘도 신규 제작자의 Shorts를 채널 구독자가 아닌 사람들에게도 적극적으로 노출시켜 줍니다. 이를 통해서 내 채널을 알리고 새로운 구독자를 얻을 수 있습니다. 올바른 해시태그와 제목을 사용하면 검색 결과에서 더 높은 순위를 얻을 수도 있습니다.

2) 다양한 주제와 쉬운 제작

Shorts는 시청자들이 짧은 시간 동안 다양한 주제의 영상을 볼 수 있게 합니다. Shorts 제작자들은 다양한 주제를 만들어서 시험해 보고 어떤 것이 가장 인기 있는지 파악하는 기회가 됩니다. 특정 주제에 상관없이 창의적인 콘텐츠를 만들어서 시청자를 유입할 수 있습니다. 또한 롱폼과는 달리 간단한 제작 도구를 사용해서 콘텐츠를 쉽게 만들고 공유할 수 있습니다.

3) 광고 수익화 기회

신규 크리에이터를 적극 유치하려는 YouTube 정책으로 인해, Shorts에서도 광고 수익 모델을 활용할 수 있으며, 더 많은 시청자를 통해서 수익 기회를 확장할 수 있습니다.

4) 시청자 참여 유도와 빠른 피드백 수집

Shorts는 사용자들이 쉽게 만들고 공유하는 플랫폼이라서 시청자들의 참여를 증가시키는 데 도움이 됩니다. 다양한 챌린지나 퀴즈, 투표, 댓글과 해시태그를 활용해서 참여 유도를 할 수 있습니다. 시청자들은 짧은 시간 동안 더 많은 영상을 시청하므로, Shorts 제작자는 어떤 콘텐츠가 호응이 좋은지 피드백을 빨리 받을 수 있습니다.

(2) 유튜브 쇼츠로 수익을 내는 방법

Shorts로 수익을 내는 가장 좋은 방법 중 하나는 YouTube Partner Program(YPP)을 이용하는 것입니다. YPP에 가입을 해서 동영상에 광고를 게재하거나 다른 YouTube 수익 창출 도구(멤버쉽, Supers, 쇼핑)에 액세스할 수 있습니다.

YPP에 가입하는 방법은 위 표에서 보여 드렸듯이 롱폼과 동일한 조건과, 완화된 조건의 두 가지가 있습니다. YPP에 참여하면 자격을 갖춘 Shorts만 광고 수익을 얻을 수 있습니다. 이제 막 YouTube Shorts를 시작했다면, 구독자 500명을 빠르게 확보하는 것이 수익창출을 할 수 있는 빠른 방법입니다. 수익창출에 있어서 주의할 사항들은 다음과 같습니다.

- YouTube 콘텐츠 가이드 라인을 반드시 따라야 합니다.
  https://support.google.com/youtube/answer/6162278?hl=en

> **수익 창출이 되지 않는 '광고 제한 및 배제' 상태 주제**
>
> 부적절한 언어, 폭행, 성인용 콘텐츠, 충격적인 콘텐츠, 유해한 행위 및 신뢰할 수 없는 콘텐츠, 증오심과 경멸적인 콘텐츠, 기분전환용 약물 및 약물 관련 콘텐츠, 총기 관련 콘텐츠, 논쟁의 문제, 민감한 사건, 부정직한 행동 조장, 어린이와 가족에게 부적절한 콘텐츠, 도발적이고 품위를 떨어뜨리는 행위, 담배 관련 콘텐츠

- 권한이 없는 영화 및 TV 프로그램의 (편집되지 않은) 영상 클립
- 새로운 관점을 추가하거나 콘텐츠를 변형하지 않은 다른 크리에이터들의 콘텐츠 사용
- 자동화/대량 생산된 콘텐츠 사용

1) YouTube Partner Program(YPP)에 참여하는 방법

1️⃣ YouTube Studio에 로그인합니다.

2️⃣ 왼쪽 메뉴에서 '수익창출'을 클릭합니다. ❶

3️⃣ 책을 위한 테스트용 채널이라서 아직 수익창출 조건이 되지 않습니다. ❸

4️⃣ 수익창출 조건이 갖춰지면 '신청'버튼이 표시됩니다. 아직 자격이 없는 경우 '알림 받기'를 클릭해서 요구사항을 충족한 후에 완료(❷)하면 됩니다. 수익창출 심사는 보통 한 달 정도 기간을 필요로 하니까 인내심이 필요합니다.

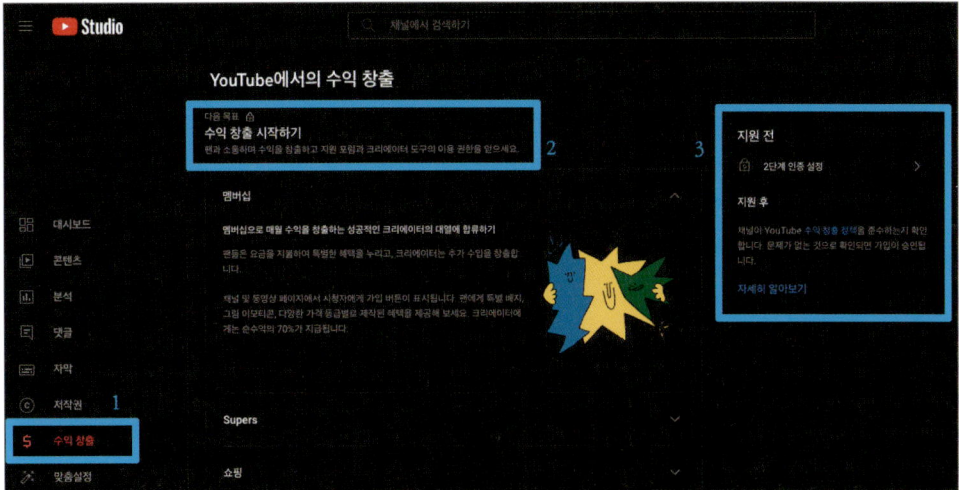

(3) Shorts 만들 때 인기 있는 주제 예시

Shorts 영상을 만들 때 다양한 주제를 가지고 만들 수 있습니다. 하지만 Shorts 영상은 60초 이하의 짧은 영상이기 때문에, 시청자가 쉽게 이해하고 공감할 수 있는 주제를 선택하는 것이 중요합니다. Shorts 성공 비결을 한 가지만 말한다면, '가장 대중적인 주제로 만들어라'입니다. 무작위로 노출된 Shorts 영상을 제한적인 주제로 만들 것이 아니라, 목표 타겟층을 넓게 잡으라는 것입니다.

일상생활이나 뷰티, 패션, 음식, 게임, 유익한 정보 등은 대중적인 주제가 될 수 있습니다. 너무 대중적인 주제라서 경쟁이 치열해질 수 있다는 단점이 있지만, 차별화된 콘텐츠를 제작하는 것이 중요합니다. 특정 연령대나 성별만 관심을 가질 만한 주제로 영상을 제작하면 시청자 층이 제한될 수 있습니다(아래 예시를 참조하세요).

영상 구성	대중적인 영상
요리하는 과정을 자세하게 설명	요리하는 모습을 보여주는 영상
특정 메이크업 방법/헤어스타일 소개	오늘의 메이크업 룩 얼굴형에 따른 메이크업 팁 머리숱 없는 사람들을 위한 헤어스타일
특정 분야 정보 제공(지식 전달)	(재미와 흥미를 유발하는 정보 제공) ㅇㅇ의 재미있는 정보 ㅇㅇ의 생활 꿀팁

기존의 롱폼 영상에서 하이라이트를 가져와서 Shorts를 만드는 방법이 아닌, 주제를 가지고서 Shorts를 만들 때 유용한 주제들을 간단하게 살펴보겠습니다.

❶ **Before and After 영상** : Shorts는 이전과 이후의 변화를 보여주기에 적합한 콘텐츠입니다. 일의 진행 상황이나 개인적인 것들의 변화, 제품이나 공간의 효율성 등을 보여줌으로써 흥미를 이끌어낼 수 있습니다.

❷ **동물 관련 영상** : 귀여운 동물들의 모습이나 재미있고 귀여운 행동을 담은 영상들은 시청자들에게 큰 인기를 얻습니다. YouTube 콘텐츠 시장에서는 '아이(Kids)와 동물(Animal), Beauty는 불패'라는 말이 있습니다.

❸ **음식 관련 영상** : 맛있는 음식과 요리에 관한 시리즈 영상

❹ **커버/챌린지** : 춤이나 노래 등의 커버나 챌린지 영상(저작권 문제 점검 필요)

❺ **스포츠 영상** : 남성들이 더 좋아하는 것으로 보이기도 하지만 스포츠 관련 영상은 인기 있는 주제입니다.

❻ **꿀팁 영상** : 요리, 청소 등 일상에서 사람들의 삶을 변화시킬 수 있는 것들.

❼ **QNA(질문과 답변)** : 시청자들이 관심을 가질만한 재미있고 가벼운 주제

❽ **정보 제공** : 전문적인 기술이나 삶의 영역과 관련된 구체적인 조언이나 정보 제공 영상

❾ **본편 영상** : 드라마나 영화의 하이라이트 클립(저작권 문제 점검 필요)

01-2
쇼츠 알고리즘은 롱폼 영상과는 확실히 다르다

YouTube는 YouTube를 이용하는 사람들에게 선의로 플랫폼을 제공하는 것이 아닙니다. 기업은 이윤을 추구하는 기본인 만큼 YouTube도 당연히 이윤추구가 목표입니다. 퀄리티가 좋은 영상들이 계속해서 업로드 되고, 그것으로 인해 YouTube가 막대한 광고수익을 올리는 것이 목표입니다.

YouTube Algorithm(이하 알고리즘)은 YouTube AI가 사용자에게 가장 적합한 영상을 추천해 주는 것을 말합니다. YouTube는 자체적인 문제풀이 과정, 즉 알고리즘을 통해 사용자의 검색기록, 시청 영상 등을 분석해서 사용자가 흥미를 가질만한 영상을 추천해줍니다. 하지만 알고리즘이 품질 좋은 동영상, 최고의 동영상을 찾는 것만이 아닙니다. '보는 사람들이 좋아할 만한 동영상'을 찾는 것입니다. 각각의 개인들의 성향을 분석하고 그 성향에 맞는 동영상을 찾아서 추천하는 것이 YouTube 알고리즘의 목표입니다.

YouTube Long Form(긴 동영상) 영상에서는 가입자의 성별과 나이, 교육수준, 소득, 성향 등을 분석해서 영상을 추천합니다. 이후 클릭하는 영상 정보에 따라 성향을 분석하고 좋아할 만한 최적의 영상을 추천합니다. 롱폼 알고리즘에서 주목하는 것은 시청자가 보고 있는 콘텐츠와 시청자가 시청하지 않는 항목, 시청시간, 시청자들이 좋아하는 것과 싫어하는 것, 관심 유무, 시청자의 인구 통계 및 지리정보, 시청자의 이전 시청 동영상, 검색어 등입니다.

그러면 Shorts 알고리즘은 롱폼과 어떻게 다를까요? 이 질문에 대해 YouTube Creator Insider에서 담당자가 질문과 답변 형식으로 자세히 설명하고 있습니다(아래 QR 코드).

- Creator Insider Shorts 알고리즘 바로가기

위 영상에 따르면, YouTube Shorts 제품 책임자인 Todd Sherman과의 인터뷰에서, Shorts 알고리즘이 롱폼 알고리즘과 동일한지에 대해 이야기합니다. 또한 '알고리즘이 아닌 시청자를 생각하라'는 말이 Shorts에도 적용이 되는지에 대해 말합니다. Shorts는 롱폼과는 다른 형식이기 때문에 작동하는 방식이 다르며, 알고리즘 보다는 시청자에게 초점을 맞추는 것이 중요하다고 이야기합니다.

담당자들이 말한 Shorts 알고리즘에 대해 요약해보면 아래와 같습니다.

- Shorts는 롱폼 영상과는 다른 형식이라 알고리즘이 다른 방식으로 작동한다.
- Shorts에서는 유효 조회수를 계산하는 방식이 다르다.
- 썸네일 사용은 Shorts에서 중요하지 않으므로 과도한 투자보다는 다른 영상을 만드는 것이 더 좋다.
- 영상을 업로드하는 시간대는 특별히 중요하지 않다.
- 해시태그는 필수 요소는 아니지만 특정 주제나 이벤트와 연결되는 경우에 사용할 수 있다.
- Shorts를 많이 게시하는 것이 반드시 시청자의 관심을 받을 수 있는 방법은 아니다.
- Shorts는 롱폼과는 다른 형태의 영상으로 커뮤니티 기능보다는 발견과 도달에 적합하다.

이제 위에서 정리된 Shorts 알고리즘에 대한 14가지의 질문을 구체적으로 살펴보겠습니다.

쇼츠는 롱폼과 알고리즘이 똑같은가?

기본적으로 Shorts 알고리즘은 롱폼 알고리즘에서 완전히 벗어난 것은 아닙니다. 동일한 초점은, '시청자가 보고 싶어 하는 콘텐츠'입니다. 단, 영상을 시청하는 사람들이 Shorts에 참여하는 방식이 다르기 때문에 알고리즘 차이가 있습니다. 롱폼은 개별 동영상을 클릭하는 것이고, Shorts는 피드를 스와이프 하는 방식입니다.

Shorts는 롱폼과는 다르기 때문에 알고리즘 작동 방식이 다릅니다. 이 질문에는 알고리즘 대신 '시청자'를 넣으면 답변이 된다고 말합니다. 알고리즘은 시청자의 관심을 끌고 끝까지 시청하게 만드는 Shorts를 선호합니다. 알고리즘은 결국 시청자에 따라 갑니다. 알고리즘이 계속 변해도 그 원칙은 변하지 않습니다. 알고리즘은 좋아요, 댓글, 관심유무 등도 고려합니다.

> 이렇게 하면 알고리즘이 좋아할까? → 이렇게 하면 시청자가 좋아할까?
> 이 영상은 알고리즘이 싫어할까? → 이 영상은 시청자가 싫어할까?
> 알고리즘에 노출되는 방법은? → 시청자에게 노출되는 방법은?

롱폼은 시청자가 영상을 클릭한 다음 영상을 보니까 알고리즘에서 '클릭률'이 중요합니다. 하지만 Shorts는 시청자가 Shorts 피드에서 시청을 하므로 클릭률이 중요한 지표가 아닙니다. 영상을 클릭하는 것이 아니라, 영상을 넘기는 '스와이프 시간'이 중요합니다. 바로 영상을 스와이프 하는지, 아니면 영상을 시청하는지 그 시간이 중요하다는 것입니다. 이 시간이 Shorts 영상을 만드는데 시작부분이 중요하게 만드는 이유도 됩니다.

조회하기로 선택한 사용자 비율이란 무엇인가?

이 항목은 피드에서 Shorts를 발견했을 때, 실제로 영상을 시청한 사람의 비율을 측정하는 것을 말합니다. 피드에서 조회하기로 선택한 사용자 비율이 높을수록 Shorts가 시청자에게 게재될 가능성이 높아집니다. 이것에 대한 분석은 YouTube Studio에서 볼 수 있습니다. 시청을 해야 조회수가 되는 것이 Shorts니까, Shorts가 피드에 노출되었을 때 얼마나 많은 사람들이 스와이프(나가지) 하지 않고 영상을 보는가를 수치화해서 YouTube Studio는 알려줍니다. 이 수치화를 참고로 Shorts 시청자가 초반에 이탈하지 않도록 영상을 만드는 것이 중요합니다.

쇼츠 조회수는 어떻게 측정되나요?

조회수는 시청자가 의도적으로 시청한 것을 의미하는데, Short에서는 조회수를 계산하는 방식이 다르다고 말합니다. Shorts에는 '유효 조회수'가 있습니다. 다른 숏폼인 TikTok이나 Reels의 경우, 피드에 노출되면 바로 조회수를 얻게 되지만 Shorts는 다릅니다.

Shorts 조회수와 스와이프한 횟수 측정은, 영상이 시청자의 관심을 끌었는지 측정하는 가장 쉬운 방법 중 하나입니다. 유효 조회수는 시청자가 Shorts를 시청하기로 결정한 그 시점(시간, 몇 초를 시청해야 유효 조회수를 획득하는지는 항상 변동하기 때문에 알 수 없다)에서 조회수를 얻도록 설계 되었습니다.

롱폼에서도 마찬가지지만, Shorts에서 시작부분이 중요한 이유입니다. 시작부분을 매력적으로 관심 있게 만들고, Shorts 뒷부분에 또 다른 중요한 것이 있다고 알려줘야 합니다. 시청자들이 처음부터 끝까지 영상을 보도록 유도해야 합니다.

즉, 위 1-3까지의 내용을 다시 정리해 보면,

(1) 시청자들이 YouTube에서 영상을 시청하게 되는 순서

❶ 피드에 뜬 썸네일을 본다

❷ 제목을 보고 선택한다

❸ 흥미를 느껴 영상 시청

❹ 흥미를 끄는 이야기면 끝까지 시청한다

(2) YouTube 롱폼 동영상의 떡상을 위한 조건 두 가지

롱폼 동영상에서는 클릭률(Click Through Rate)이 중요한 조건입니다. 시청자가 썸네일과 제목을 보고 영상을 클릭하는 비율이 높을수록 해당 동영상은 더 많은 추천을 받게 됩니다. 여기에 더해서 시청자가 영상을 얼마나 오래 보는지를 측정하는 시청지속시간도 중요한 요소입니다. 시청자가 이탈하지 않고 YouTube에 머무르는 것이 시청지속시간입니다.

클릭률 (CTR)	동영상이 시청자들에게 노출 되었을 때 얼마나 많은 사람들이 클릭(또는 지나가지 않고)을 했는지 비율
시청지속시간	한 채널의 동영상을 보는 시청자가 영상을 보는 중간에 이탈하지 않고 영상을 시청한 지속 시간

(3) Shorts는 클릭률이 없는데요?

YouTube 롱폼 영상에서의 클릭률이 Shorts에서는 보이지 않습니다. Shorts에서는 롱폼의 클릭률이 '평균조회율'입니다. Shorts의 평균조회율은 시청자가 실질적으로 영상을 시청하기로 결정한 시점에서 기록됩니다. YouTube Studio는 분석에서 '조회하기로 선택한 사용자 비율, 시청지속시간, 평균 조회율'을 제공하고 있습니다.

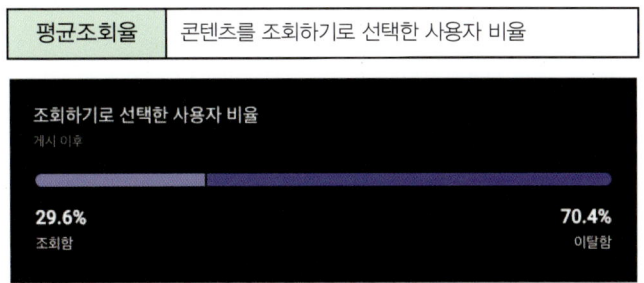

위 그림에서 보듯이, 내 Shorts 영상이 예를 들어 100명에게 노출되었는데, '조회하기로 선택한 사용자 비율'이 29.6%입니다. 100명 중에서 몇 명이 조회하기로 선택을 했는가라는 것입니다. 그러면 내 콘텐츠의 평균조회율은 29.6%입니다. 시청지속시간과는 다른 내용입니다.

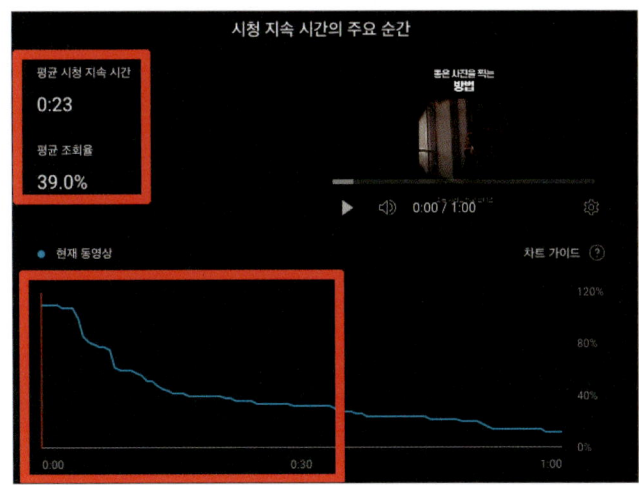

위 분석에서 보면, 노출된 Shorts 동영상에 대한 평균 조회율은 39%인데 시청지속시간은 23초로 나와 있습니다. Shorts의 떡상 조건도 롱폼과 동일하게 '클릭률+시청지속시간

= 평균조회율+시청지속시간'입니다. Shorts 평균조회율이 좋아도 시청지속시간이 좋지 않으면 더 이상 노출이 되지 않습니다. 시청지속시간을 늘리는 콘텐츠 제작이 중요하다는 이야기입니다.

여기서 궁금해지는 것이, 과연 시청자들이 내 Shorts 영상을 '조회하기로 결정했는지, 아니면 그냥 넘겼는지 결정하는 시간은 몇 초인가?'하는 문제입니다. 정확한 시간은 나오지 않았지만 Shorts가 나오자마자 바로 넘겨버리는(스와이프) 것은 평균조회율과 시청지속시간에 아무런 영향을 주지 못합니다.

쇼츠는 몇 초 길이가 좋은가?

Shorts는 최대 60초의 영상을 만들 수 있습니다. 간혹 Shorts의 이상적인 영상 길이가 있다는 오해가 있습니다. 하지만 이것이 중요한 것은 아닙니다. Shorts 길이가 몇 초 이상이 아니라 각각의 콘텐츠에 맞는 길이로 만드는 것이 중요합니다. 15초든 전체 60초든 전달하려는 스토리에 따라 결정돼야 합니다. 그 길이 안에서 전달하려는 메시지를 얼마나 효과적으로 전달할 수 있는가 하는 것입니다. 단순하게 긴 Shorts를 만드는 것이 아니라, 최대한 오랫동안 시청자들의 마음을 사로잡는 Shorts를 만드는 것이 목표입니다.

쇼츠에서 썸네일 역할은 무엇인가?

롱폼과 마찬가지로 Shorts도 썸네일과 제목이 중요합니다. 유튜브 홈 화면에서 제일 먼저 노출 되는 것이 Shorts입니다. YouTube를 보는 시청자들 입장에서는 Shorts도 롱폼과 동일하게 썸네일과 제목을 보고 들어오게 됩니다. 썸네일과 제목은 시청자가 가장 먼저 보게 되는 것입니다. 시청자가 동영상을 시청할지 또는 스와이프해서 지나갈지 결정하는 데 큰 영향을 미칠 수 있습니다.

Shorts는 롱폼처럼 썸네일을 따로 만들지 않아도 됩니다. Shorts는 YouTube를 기반으로 하고 있는 숏폼입니다. 롱폼에서 하이라이트를 골라내 Shorts를 만들 수도 있고, 스마트폰으로 바로 찍어서도 Shorts를 만들 수 있습니다. 이런 상황에서 썸네일을 따로 만들게

한다면 귀찮은 일이 됩니다. 그래서 Shorts 영상 중에서 한 부분을 썸네일로 사용하게 하거나, 따로 썸네일을 만들도록 선택 할 수 있게 했습니다(따로 썸네일을 만드는 것은 현재 스마트폰에서 가능합니다).

해시태그(Hashtag)는 꼭 넣어야 하나?

해시태그는 Instagram이나 Twitter 등의 SNS에서 사용되는 메타데이터 태그입니다. 해시 기호(#) 뒤에 특정 단어를 쓰게 되면, 그 단어에 대한 글을 모아 분류해서 볼 수 있는 기능입니다. Instagram에서는 해시태그를 적게는 3-5개에서 몇 십 개까지 넣기도 합니다. YouTube에서는 해시태그 키워드가 필수가 아닙니다. YouTube에서 해시태그 키워드는 검색어 키워드로 활용되지 않기 때문입니다. 해시태그를 넣는 이유는, 영상 관련 해시태그를 넣으면 YouTube 알고리즘이 내 Shorts 내용 파악을 쉽게 할 수 있기 때문입니다. 해시태그를 통해서 최신 트렌드를 알 수 있지만, 많은 해시태그는 가독성이 떨어질 수 있습니다.

쇼츠는 언제 업로드하는 것이 제일 좋은가?

영상을 업로드하는 시간대가 중요한 것은 아닙니다. 알고리즘은 업로드 시간보다 품질을 중요하게 생각합니다. 많은 특정 시간대에 업로드하려는 생각보다, 시청자의 공감을 불러일으키고, 특정 이슈가 있을 때 빨리 대응해서 시의적절한 콘텐츠를 만드는 데 집중해야 합니다.

쇼츠는 많이 업로드 할수록 더 많이 노출될까?

매일이나 매주 몇 개의 Shorts를 게시해야 되는 마법의 숫자는 없습니다. 수량보다 품질을 중요하게 생각하기 때문입니다. YouTube에서 업로드 개수로 알고리즘이 조정되는 일은 없습니다. 품질이 낮은 영상을 많이 업로드 한다고 YouTube가 노출을 많이 해주는 일은 없습니다. 영상을 많이 만드는 시간에 차라리 업로드한 영상을 분석해보고, 어떤 부분에서 효과가 있었는지 생각하면서 개선해 나가는 것이 훨씬 더 유리합니다(하지만 평균조회율과 시청지속시간이 나오는 Shorts가 알고리즘을 타고 갑자기 상승한다면, 그 상승 분위기 유지를 위해서 자주 Shorts를 올려야 하는 상황도 있습니다).

요즘 YouTube를 보면 자동으로 영상을 만드는 방법들이 넘쳐나는데, YouTube는 대량 생산 콘텐츠를 싫어합니다. YouTube 커뮤니티 가이드라인에서도 '자동으로 생성된 콘텐츠 또는 기본 템플릿을 사용해 제작된 콘텐츠로 채널을 구성해서는 안 됩니다'라고 규정하고 있습니다. Shorts는 숫자게임이 아닙니다.

- 요건 미충족 Shorts 조회수(YouTube 고객센터/수익창출 정책)
- 웹사이트, 뉴스 피드의 텍스트와 같이 직접 제작하지 않는 다른 자료를 읽기만 하는 콘텐츠
- 음높이 또는 속도를 수정했지만 그 밖의 부분은 원곡과 동일한 노래
- 반복되는 유사한 콘텐츠나 교육적 가치, 해설, 설명이 거의 없는 단순한 콘텐츠
- 템플릿을 사용하거나 대량 제작하거나 프로그램 방식으로 생성한 콘텐츠
- 설명, 해설, 교육적 가치가 거의 없거나 전혀 없는 이미지 슬라이드 쇼 등

> **요건 미충족 Shorts 조회수**
> 지급액 계산을 위해 YouTube는 Shorts 조회수를 집계할 때 요건 미충족 조회수는 제외합니다. 요건 미충족 Shorts 조회수로 간주될 수 있는 경우의 예시는 다음과 같습니다.
> - 원본이 아닌 Shorts 동영상(예: 영화나 TV 프로그램의 편집되지 않은 클립, YouTube나 다른 플랫폼에 업로드된 다른 크리에이터의 콘텐츠 재업로드, 원본 콘텐츠가 추가되지 않은 편집물)
> - 자동 클릭 또는 스크롤 봇 등을 사용해 인위적으로 또는 허위로 늘린 Shorts 조회수
> - 광고주 친화적인 콘텐츠 가이드라인을 준수하지 않는 Shorts 동영상의 조회수

쇼츠 조회 수 그래프가 올라가다가 갑자기 멈추는 이유는 뭔가?

초반에 Shorts의 노출 그래프가 올라가는 이유는 조회 수 보다 노출입니다. 초보 Shorts 제작자들에게는 노출 정도를 더 유연하게 해서 노출 빈도는 높여줍니다. 초보 YouTuber들에게 기회를 더 주는 것입니다. 유효 조회 수를 측정하는 초반에는 측정이 쉽지 않아서 노출 자체가 조회 수가 됩니다. 시간이 지난 후 어느 정도 시청자 반응이 파악된 후에는 유효 조회 수가 측정 가능해집니다.

성적이 좋지 않은 쇼츠는 지우고 다시 올리면 올라가나?

Shorts가 나오고 초기에는, 조회수가 잘 나오지 않을 때는 지웠다가 일정 기간이 지난 후에 다시 올리면 조회수가 나온다고 알려져 있었습니다. 하지만 YouTube 알고리즘 정책에서는 그렇게 하면 스팸 계정으로 인식하고 아예 차단할 수 있습니다. 재게시하는 것에 신중해야 합니다. 특히 Shorts에 '좋아요'나 '댓글'등이 있는 경우는 재게시하면 안됩니다.

쇼츠 때문에 롱폼의 성적이 줄었나?

기존 롱폼을 만들던 YouTuber들은, 기존의 영상 조회 수에서 반 토막 이상 줄었다는 이야기를 많이 합니다. 하지만 Shorts 때문에 롱폼 영상 조회수가 줄어든 것은 아닙니다. 국내 YouTube 시청자를 대상으로 하는 채널이 이미 한계까지 온 상황이라 그럴 수 있습니다.

Shorts는 신규 크리에이터의 진입 통로가 됩니다. 고인물들이 넘쳐나는 상황에서 YouTube는 계속해서 진입 장벽을 낮출 수밖에 없습니다. 이미 YouTube 정책에서도 'YouTube 시작을 Shorts로 하라'고 하고 있는 상황입니다. 이미 롱폼 콘텐츠를 보유한 YouTube 제작자라면 Shorts를 전략적으로 사용하는 것이 중요하며, 신규 크리에이터들은 Shorts를 YouTube 성장의 도구로 삼아야 합니다.

쇼츠의 모든 기능은 왜 모바일과 PC가 다를까요?

현재(2023년 말 기준) Shorts에 썸네일을 만들려면 PC에서는 할 수 없고 스마트폰에서만 가능합니다. 저작권 걱정이 없는 음원 선택도 스마트폰에서만 가능합니다. 이것은 Shorts가 스마트폰에 더 어울리는 제작 환경 때문이기도 합니다만, YouTube에서는 항상 그래왔듯이 스마트폰에서 충분히 검증을 거친 후에 제대로 된 기능을 내 놓으려고 하는 것입니다.

쇼츠는 댓글로 소통하기 어려운데 해결 방안은?

롱폼의 경우는 영상 시청을 하면서 댓글을 읽기가 쉽습니다. 시청 화면을 벗어나지 않아도 충분히 댓글을 읽거나 댓글을 달 수 있습니다. Shorts는 롱폼에 비해 업로드 양도 더 많고 시간이 짧아 Shorts 제작자가 댓글로 소통하기가 어렵습니다. 그래서 나온 보완책이, 답글을 Shorts로 만들어서 직접 소통하도록 유도하거나, Shorts에 있는 댓글을 누르면 원본 댓글이 있는 콘텐츠로 가고 댓글을 단 사람에게 알림이 가도록 할 수 있게 바뀌었습니다.

쇼츠의 미래를 알려주세요

Shorts 알고리즘을 이해하는 것은 단순하게 메타데이터 코드를 이해하는 것이 아닙니다. 시청자들을 이해하고, 시청자들이 가치 있게 생각하는 콘텐츠를 제공하고, 지속적으로 영상을 만드는 것이 중요합니다. 서둘러서 출시한 만큼 계속 기능을 보완하고, 알고리즘을 수정하고 오류를 고쳐 나갈 것입니다. 앞으로는 더욱 숏폼의 시대가 될 것이기 때문에 Shorts를 하는 것이 중요합니다. 모든 Shorts 영상 전략은 '일관성'이 핵심입니다. 더 높은 품질의 Shorts를 제작할수록 알고리즘에 의해 노출될 확률이 높아집니다.

최종적으로 정리하면,

Shorts 알고리즘은 시청자에 따라 변하며, Shorts와 롱폼은 차이가 있습니다. Shorts는 클릭률보다는 스와이프 횟수가 중요하며, 유효 조회수는 시청자가 쇼츠를 시청하기로 결정한 시점에서 얻게 됩니다. Shorts 길이는 콘텐츠에 맞게 조절하는 것이 좋으며, 썸네일은 Shorts의 노출을 높이기 위해 사용됩니다. 해시태그는 필수는 아니지만 시청자 데이터를 쌓는 데 도움이 됩니다. 업로드 시간대는 중요하지 않고, 시청자 반응과 관련이 있습니다. 많은 쇼츠를 업로드하는 것보다 품질이 중요합니다. Shorts 조회수가 갑자기 떨어지는 이유는 초반 노출이 조회수로 변환되지 않을 때이며, 초보 YouTuber는 더 많은 기회를 얻을 수 있습니다.

01-3
조회수 폭발적으로 늘리기 위한 핵심과 방법

쇼츠 동영상 조회수가 늘어나지 않는 이유

YouTube 제작자라면 누구나 시청자들의 호기심을 불러일으키고 시청자를 사로잡는 Shorts를 만들고 싶어합니다. 하지만 내가 만든 Shorts가 더 많은 시청자들의 관심을 끌지 못하는 이유는 다음과 같을 수 있습니다.

(1) 콘텐츠 부족

YouTube에는 매일 수천만 개의 동영상이 올라옵니다. Shorts는 전 세계에서 하루 평균 300억뷰 이상의 조회수를 만들어 내고 있습니다. 이렇게 방대한 양의 콘텐츠 사이에서 내 콘텐츠가 갑자기 성장할 것이라고 기대하기 힘듭니다. 어떤 콘텐츠가 하나 유행하면 '너도 하고 나도 하고' 식으로 콘텐츠가 다 비슷해집니다. 그러다 보니 이제는 무엇을 만들어도 신선한 느낌이 없고, 시청자들은 너무 많이 이야기되는 소재에 피로감을 느낍니다.

(2) 시간 부족

YouTube에서 아무리 정책적으로 초보 제작자를 도와줘도, 내가 만든 Shorts 영상이 관심을 얻고 인기를 얻기까지는 시간이 필요합니다. Shorts 알고리즘은 일반 시청자를 대상으로 내 영상을 테스트합니다. 테스트에서 내 Shorts 영상이 특정 시청자층에게 좋은 반응을 얻으면 알고리즘은 내 Shorts를 유사한 시청자층에게 계속 표시합니다. 이때부터 Shorts 조회수가 탄력을 받게 됩니다. 내 Shorts 영상이 최적화되는 모든 방법을 사용했지만 조회수가 늘지 않는다면 알고리즘에 올라타는 시간이 필요합니다.

(3) 쇼츠 영상 길이 문제

Shorts 영상이 최대 길이인 60초를 가득 채운다면, 영상에 시청자들의 관심을 끌지 못하는 불필요한 부분이 있을 가능성이 있습니다. 이런 부분은 시청자들의 이탈률을 높이고 알고리즘에서 벗어날 확률이 높아집니다.

Shorts의 특징은 빠르고 짧은 영상입니다. Shorts 길이를 늘리기 위해 불필요한 요소와 콘텐츠를 추가하지 말아야 합니다. 모든 내용을 반드시 전달할 부분만 짧게 유지해야 합니다.

(4) 시청자들의 관심도 집중 문제

시청자들이 내 Shorts에 관심을 가지게 만들려면 처음부터 신경을 써야합니다. 시청자들은 결코 기다려주지 않습니다. 동영상을 시청하는 시청자들의 초기 이탈률은 영상 시작 3-5초 사이에 결정됩니다. Shorts 초반 3~5초 내에 시청자들의 관심을 끌도록 해야 합니다.

조회수를 늘리는 유튜브 쇼츠 알고리즘 최적화 방법

우리가 Shorts를 분류할 때, 재미를 주는 '킬링타임용'인지, 정보를 제공하는 '정보제공용'인지로 나뉩니다. 킬링타임용은 우리가 흔하게 접하는 재미있는 영상이거나 챌린지 영상, 드라마나 영화를 재편집해서 보여주는 영상 등을 말합니다. 이런 영상들은 조회수가 폭발하면 그 파급력이 굉장히 높지만, 관심이 금방 사라지고 콘텐츠의 고갈로 지속성이 떨어질 수 있습니다.

그러므로 우리는 '정보제공형' Shorts를 만들어야 합니다. 내 영상을 보는 사람들에게 유익한 정보를 주거나, 내 이야기를 담은 영상이면 됩니다. 정보제공형 Shorts는 개인이나 기업의 브랜딩을 할 수 있는 최고의 도구이며, 마케팅 효과도 높습니다. 촬영과 편집, 대본, 더빙 등의 콘텐츠 기획과 제작 시간이 많이 걸리는 단점을 극복한다면 말이죠.

그러면 내 Shorts 조회수를 늘리는 구체적인 방법은 어떤 것들이 있을까요?

(1) Shorts 영상 도입부 3~5초에 집중하라

말씀드렸듯이, Shorts는 처음부터 시청자의 관심을 사로잡는 것이 중요합니다. 영상 시작 부분에서 과도한 소개를 건너뛰고 핵심으로 바로 들어가야 합니다. 너무 많은 정보는 시청자들의 빠른 이탈을 가져옵니다. 소위 '후킹(Hooking, 낚아챈다)'이라 말하는 요소를 도입부에 사용하는 것입니다. 최신 트렌드를 반영하든지 광고에서 아이디어를 얻든지, 영상이 시작하자마자 눈길을 사로잡는 것이 중요합니다. 사람들이 앞으로 나올 내용에 대해 흥미를 갖도록 하는 '유인 행위'를 포함해야 합니다.

- 동영상 내용에 대한 짧은 요약 - 영상에서 알려드릴 내용은.
- 눈길을 사로잡는 화면
- 자막을 동반한 관심을 끄는 대사 - OO에 대한 중요한 3가지, 죽을 뻔 했어요
- 영상 나중에 나오는 결론에 대한 정보

Shorts 영상은 환하고 밝게 시작합니다. Shorts가 시작될 때 환하고 밝은 영상이, 어둡고 흔들리는 영상보다 훨씬 더 시선을 끕니다.

좋은 시작 - 밝은 화면, 안정적인 구도, 흔들리지 않는 화면
나쁜 시작 - 어두운 화면, 너무 복잡한 구도

영상에 텍스트를 넣더라도 화면에 꽉 차게 하는 것이 관심을 갖고 집중할 수 있게 합니다. 영상 시작 3초 안에 시청자가 시청 여부를 결정하기 때문에 도입부의 화질, 구도, 선명함이 정말 중요합니다.

우리가 Shorts를 소위 '떡상' 시킬 수 있는 공식을 이야기할 때 가장 먼저 나오는 것도 바로 후킹(Hooking)입니다. 제목과도 비슷하거나 동일한 내용으로 볼 수 있는 부분으로 영상 초반 2-3초 안에 사람들의 관심을 끌 만한 내용을 넣어야 되는 것이 '후킹'의 핵심입니다. 시청자들의 관심을 끌지 못하면 1-2초 안에 스와이프 되는 것이 현실입니다. 초반 2-3초 안에 '내가 무엇을 줄 수 있는지'에 대해 말하거나, 궁금증을 유발하거나, 빠르게

결론에 대해 이야기 하거나, 소위 어그로를 끌어야 합니다(검색창에 '쇼츠 초반 어그로 문장'이라고만 쳐도 참고할 무수히 많은 내용들이 나옵니다). 시청자들의 이탈을 막을 수 있는 핵심 문장이 반드시 필요합니다.

2-3초 안에 후킹으로 시청자들의 이탈을 막았다면, 그 다음은 감정을 이끌어내는 단계입니다. 감정은 공감이어도 좋고, 위로나 반발, 흥미 등 사람이라면 느낄 수 있는 모든 감정 중 하나면 됩니다. '어, 나도 그런 적 있는데?' '말도 안 되는 소리하네' '뭐라고? 그게 가능해?' 어떤 감정이든 좋습니다.

후킹, 감정 유발 다음은 내 이야기를 하든지, 다른 사람들의 사례를 인용하든지 하는 단계입니다. 내 이야기면 더욱 좋고, 그것이 안 된다면 유명인이나 다른 구체적인 자료 인용이 좋습니다.

후킹, 감정 유발, 사례 인용, 다음은 처음에 제시했던 어그로나 후킹에 대한 해결 방안을 보여줘야 합니다. 해결 방안이나 추천 방법을 제시함으로써 시청자들이 공유하거나 댓글들 달고, 저장하고, 구독하는 등의 행동을 유도(Call To Action)해야 합니다.

Shorts를 만드는 공식은 우리가 글을 쓰는 요령과도 비슷합니다.

> **66 좋은 글을 쓰기 위한 4가지 단계**
> ❶. 주제, 주장을 강조한다(제시한다).
> ❷ 주장에 대한 이유를 제시한다
> ❸ 사례를 말한다
> ❹ 다시 주제, 주장을 강조한다.

(2) 반복 재생되는 Shorts 만들기

소위 '루프(Loop)'라고 하는 것은 끝이 없는 연결고리를 말하지만, 이것이 영상에서 쓰일 때는, 뚜렷한 시작이나 끝이 없는 것을 말합니다. Shorts 영상을 만들 때, 시청자들이 영상이 어디에서 시작해서 어디서 끝나는지 확신할 수 없게 만들어야 합니다. 시작과 끝을 애매모호하게 만들어서 시청자들이 루프에 있다는 것을 인식하기 못하게 만들어야 합니다. 이렇게 반복적으로 시청을 유도합니다. 반복시청은 Shorts 조회수를 늘리는 흥미로운 방법입니다.

평균 조회율은 영상 전체 재생 시간 중에서 평균적으로 시청자들이 얼마나 오래 영상을 시청했는지를 백분율로 나타낸 것입니다. 동영상에서 '평균 조회율'은 '시청 완료율'이라고 할 수 있습니다. 즉, 시청자들이 얼마나 영상을 이탈하지 않고 완전히 시청했는지를 의미합니다. 그렇기 때문에 Shorts를 만들 때, '이 영상은 여기서 끝'이란 신호를 주지 않도록 편집하는 것이 중요합니다. 영상 시작점과 끝이 자연스럽게 연결되어 어디에서 끝나는지 알 수 없게 한다거나, 결과부터 보여줘서 다시 처음으로 돌아가 결과를 다시 보게 한다는 등 영상이 이어진다는 흐름으로 편집해야 합니다.

(3) 정보전달 Shorts는 콘텐츠 숫자를 매기기

'중요한 것이 세 가지 이상이라는 것은 중요한 것이 없다는 이야기와 같다. 짐 콜린스' 숫자에서 1이나 2는 적은 것 같고, 3을 넘어가는 4부터는 많은 것처럼 느껴집니다. 선택지가 많아지면 선택하기 위해서 비교할 사항이 많아지고, 전달하려는 정보에 대한 집중도가 떨어집니다. 사람들에게 너무 많은 선택권이 주어질 경우 판단력이 흔들려 올바른 결정을 내리기가 더욱 힘들어지는 '선택의 역설(The Paradox of Choice)'입니다.

숫자 3은 처음, 중간, 끝이라는 의미를 부여할 수 있는 최소 숫자입니다. 3은 순번을 정하고 정리하도록 만듭니다. 영상을 보는 시청자들은 1부터 3까지는 숫자를 세는데, 4부터는 그냥 많다고 생각합니다(시각적 언어에서 확률의 법칙, 확률의 법칙은 이미지에서 홀수가 짝수보다 시각적으로 더 즐거운 구도를 만드는 것을 말합니다). 3가지 방법, 3가지 운동, 3가지 등등 숫자로 넘버링을 하면 시청자들의 궁금증을 자극하고 끝까지 보게 만듭니다.

(4) 배경음악을 인기 있는 음악(리믹스)으로 사용하기

Shorts 알고리즘은 같은 음악을 하나로 묶어서 Shorts 피드에 띄워주는 경향을 보입니다. 따라서 최신 인기곡을 배경음악으로 해서 Shorts를 업로드하면, 비슷한 콘텐츠로 인식해서 Shorts 피드에 같이 노출될 수 있습니다. 단, 영상을 편집할 때 인기 있는 음악이 아니라 업로드할 때 인기 있는 음악이어야 합니다. 음원 저작권에서 자유로우려면 YouTube에서 제공하는 음원을 사용해야 합니다.

1️⃣ 스마트폰에서 YouTube 앱을 엽니다. 좌측 위에 나침반 표시(탐색)를 클릭합니다(사진 1).

2️⃣ 제일 위에 나오는 '인기 급상승' 탭을 클릭합니다(사진 2).

3️⃣ 최신 영상 중에서 음악을 사용한 영상을 클릭합니다. 그러면 영상 아래 부분에 공유 및 저장 등의 메뉴가 보이는데, Shorts 표시와 함께 '리믹스'라고 쓰인 항목을 클릭합니다(사진 3).

4️⃣ 리믹스 항목에서 제일 위에 있는 '사운드(이 동영상의 사운드 사용)'을 클릭합니다(사진 4).

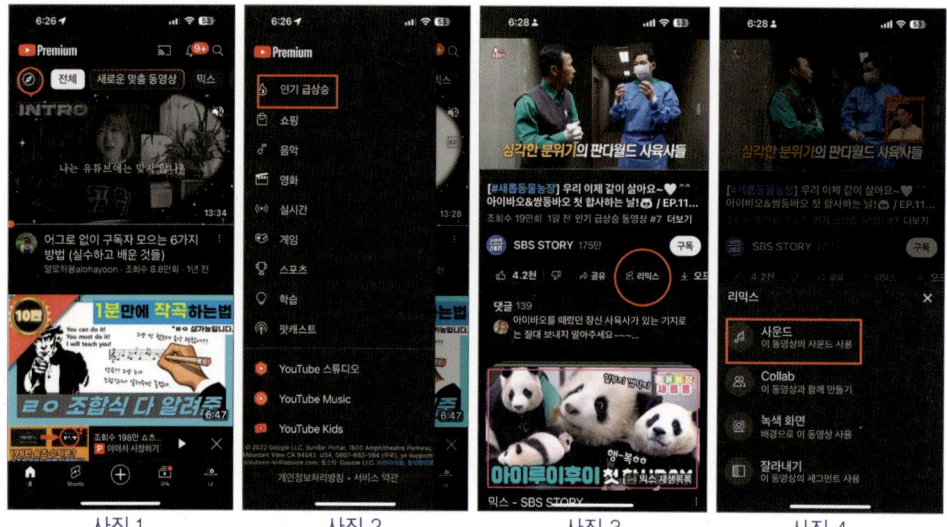

사진 1   사진 2   사진 3   사진 4

5️⃣ 좌측 아래에 있는 '추가'로 갤러리에 있는 편집 영상을 추가합니다(사진 5).

6️⃣ 리믹스 음원은 '15초'만 사용가능합니다. 원하는 곳에 음원을 위치합니다(사진 6).

7️⃣ 적용이 완료되면 우측 아래에 있는 'V'를 누릅니다(사진 7).

8️⃣ 여기서 영상 편집이나 효과를 줄 수 있는데, 사운드 관련만 알아봅니다. 우측 마지막에 있는 '볼륨'을 누릅니다(사진 8).

9️⃣ 오리지널 사운드가 필요 없으면 완전히 줄여주고, 리믹스 음원 음량도 조절합니다(사진 9).

🔟 완료되면 우측 위의 '다음'을 누르면 Shorts 업로드 화면이 나옵니다(사진 10).

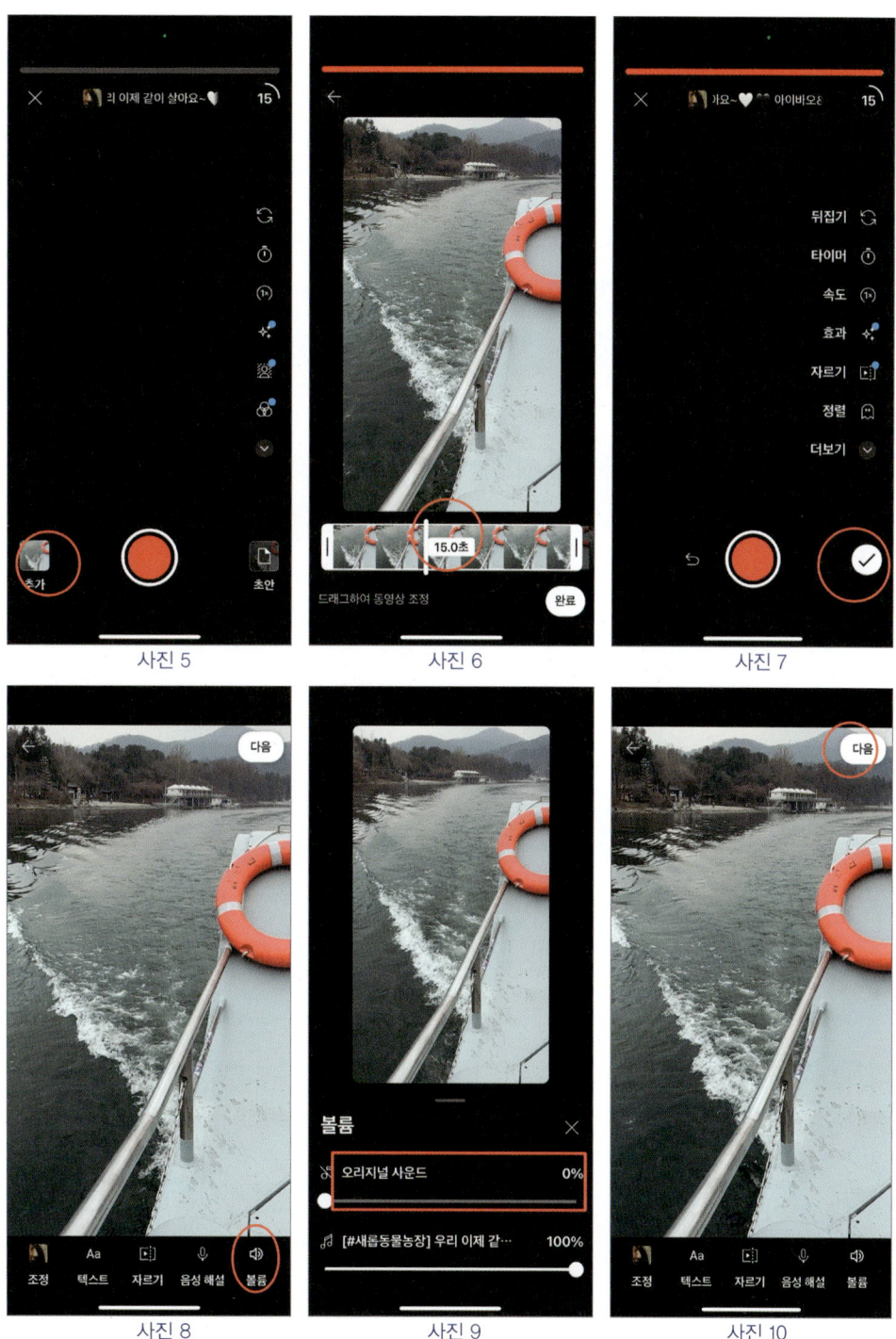

사진 5 사진 6 사진 7

사진 8 사진 9 사진 10

Shorts는 매달 Shorts 피드의 동영상 사이에 게재되는 광고에서 발생하는 수익이 합산되어 크리에이터에게 보상을 제공하고 음악 라이선스 비용을 충당하는 데 사용됩니다.

(5) 모든 댓글에 답글 달기

롱폼이든 Shorts든 간에 YouTube 콘텐츠에서 가장 중요한 것은 '공감'입니다. 이 공감을 늘리는 방법은 댓글을 통한 소통입니다. 댓글에 답글을 달면, 내가 단 댓글까지 합쳐서 댓글 수가 2배로 늘어납니다. 댓글이 많은 콘텐츠는 YouTube가 시청자의 참여도가 높은 좋은 콘텐츠로 인식합니다. YouTube 알고리즘에 의해서 더 폭넓은 추천을 받을 수 있다는 것입니다.

댓글을 보기 위해서 댓글을 누르면, 현재 시청중인 영상이 백그라운드로 계속 재생되면서 평균 조회율을 올려줍니다. 댓글에 단 답글은 해당 댓글을 달았던 시청자에게 알림이 가기 때문에, 다시 재방문을 해서 조회수와 조회율을 올려줍니다. 댓글이 많다면 다른 참가자의 댓글도 유도하게 할 수 있습니다.

내용에 공감하든, 반대하든, Shorts 영상을 보고나서 댓글을 다는 포인트를 만들어야 합니다. 이렇게 해서 달린 댓글에 대한 답글은 성의 있게 구체적으로 씁니다. 단순하게 '감사합니다'가 아니라 상대방의 댓글에 대해서 디테일한 답글을 달아서 소통해야 합니다.

(6) 7초에 승부를 걸어라

'동영상은 영화와 다르다. 7초 안에 승부를 걸어라, Tim Staples(매일경제 2019. 9.19 기사)' 인터넷을 사용하는 많은 사용자들이, 사람들이 눈을 깜빡이는 시간인 0.4초도 견디지 못한다는 연구 결과도 있습니다. 새로운 창이 로딩되는 그 시간이 다른 사이트보다 0.25이상 길면 느리다고 생각한다는 것입니다.

이렇게 속도에 예민해진 시청자들에게 지루한 화면은 이탈을 가져옵니다. 특히 클릭으로 영상을 종료하는 롱폼과 달리 Shorts는 손가락 제스처 하나로 다른 영상이 선택됩니다. 짧은 영상이지만 한 개의 Shorts에서는 적어도 7초 이전에 한 번씩 화면이 변화되는 것이 좋습니다. 수 천만 조회수를 가진 Shorts 대부분은, 심지어 1초에도 3-4번씩 화면이 바뀌는 것을 볼 수 있습니다(구독자 2,150만명 Bayashi TV, 아래 QR 코드 참조).

- Bayashi TV

(7) 시청자들의 참여를 유도하는 콘텐츠 제작

시청자끼리 편을 나눌 수 있는 콘텐츠를 만드는 전략이 필요합니다. 정보 콘텐츠 보다는 재미 콘텐츠, 재미보다도 감정을 불러일으키는 콘텐츠가 Shorts에 훨씬 더 좋습니다. 특히 상대 취향을 저격해서 반반 논쟁을 일으킬 수 있는 방식의 콘텐츠를 만듭니다. 시청자들끼리 댓글로 편을 먹고, 시청자들끼리 서로를 댓글로 찬성하고 반대하며 Shorts 시청시간을 늘려줍니다. 다만 너무 심각하지 않은 주제가 좋습니다. 예를 들어, '월 300만원 30년 살기 vs 월 1억 3년 살기'. '찍먹 vs 부먹' 등 가벼운 주제가 좋습니다. 물론 콘텐츠 내용은 진지하지 않고 유머러스하게 만들어야 악플 등의 공격에서 자유로울 수 있습니다.

(8) 관련 해시태그와 키워드를 삽입하기

Shorts에 영상 관련 해시태그와 키워드를 넣으면 시청자들의 눈에 더 잘 띄고, YouTube 알고리즘이 내 Shorts 내용을 쉽게 파악할 수 있습니다. 시청자와 Shorts 알고리즘에 내 Shorts 영상을 충분히 알리는 것입니다. Shorts 알고리즘이 영상 내용을 분석해서 시청자를 찾아 주는 것이 아니라, 태그와 키워드로 시청자층을 찾아서 노출해 줍니다(해시태그 잘 하는 방법에서 다시 다룹니다).

(9) 캡컷으로 편집하기

캡컷은 숏폼 영상을 편집할 때 가장 강력한 툴이라 볼 수 있습니다. 대부분 조회 수가 높은 Shorts 영상은 영상 자체에 제목이 따로 있습니다. 캡컷은 Shorts 영상에 제목을 넣을 수 있습니다. 시청자에게 이 영상이 어떤 영상인지 확실히 설명하고 시작하는 것입니다.

또한 시청자들의 시선을 끌 수 있는 최신 유행하는 다양한 효과를 넣기 위해 가장 쉬운 편집 프로그램이 캡컷입니다.

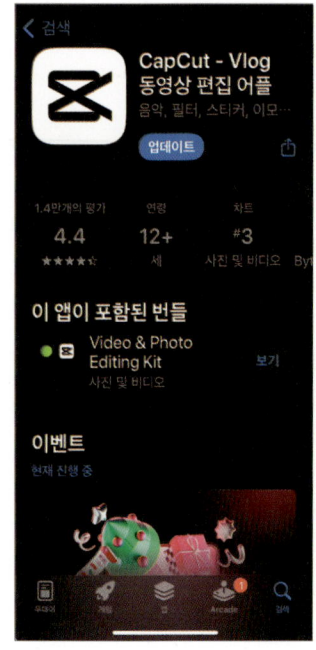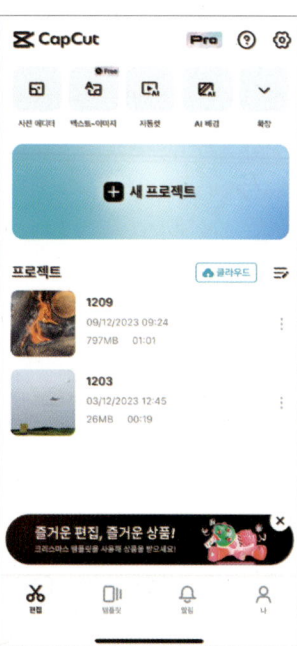

01-4
쇼츠로 구독자 떡상 시키는 방법

YouTube 제작자를 생각하는 사람이라면 Shorts를 무조건 해야 합니다. 요즘은 어떤 것을 검색할 때, 의외로 YouTube에서 검색하는 사람들이 많아졌습니다. 이 현상은 연령대가 낮을수록 더 두드러집니다. YouTube에서 어떤 내용을 검색할 때, 이전에는 관련 영상이 롱폼부터 나왔었는데, 이제는 Shorts부터 먼저 보여줍니다. 이것은 YouTube에서도 정책적으로 Shorts를 더 밀고 있다는 반증입니다. 또한 시청자들이 롱폼보다는 짧은 영상인 Shorts를 선호하는 시대이다 보니 더욱 그렇습니다.

주위를 둘러봐도 YouTube를 보는 사람들의 모습이 바뀌었습니다. 전에는 가만히 스마트폰을 들여다보고 있었는데, 이제는 손가락으로 화면을 스와이프하기 바쁩니다. 멀리 볼 것도 없이 제 아이들의 스마트폰 사용시간 분석을 해보면, 10시간 중에서 9시간을 SNS를 하는데, 그 중에 8시간 30분이 Shorts나 TikTok입니다. 롱폼이나 중간 길이의 영상은 시청을 거의 하지 않습니다.

이런 현상은 앞으로 YouTube의 운영정책이나 광고 시장에 변화를 가져옵니다. YouTube는 이윤을 추구하는 기업입니다. 변화하는 시대에 맞춰서 당연히 움직입니다. Shorts가 단순하게 롱폼으로 유도하던 기능을 벗어나 독자적인 형태로 광고와 YouTuber들의 수익화를 동시에 가져오는 것입니다.

제목과 속도가 중요하다

YouTube에서 롱폼도 당연히 제목이 중요하지만, Shorts는 더욱 제목이 중요합니다. 롱폼의 초기 이탈률이 15초 인데 반해서, Shorts는 초기 이탈률이 3초입니다. 영상에서 3초 안에 시청자들의 기대를 만족시키지 못한다면 바로 영상에서 이탈합니다. 시청자들은 기대했던 것에 만족하지 못하면 기다리지 않습니다. 어쩌면 '3초'도 긴 시간일 수 있습니다. 빠른 것이 대세인 시장에서 영상을 보는 시청자들의 시간을 아끼는 것이 중요합니다. 이런 이유로 Shorts는 제목이 더욱 중요합니다.

Shorts 피드에 뜬 것을 클릭하든, 아니면 스와이프하다 나온 영상을 시청하든 상관없이 가장 먼저 보는 것이 제목입니다. 제목을 보고 시청하려고 마음먹었는데, 초기에 제목과는 다른 내용을 시작단계에서 이야기 한다면 바로 이탈합니다. 어그로를 끌거나 다른 설명으로 영상이 늘어진다면 참지 못하는 거죠. 그래서 Shorts 영상의 시작 멘트는 '제목과 동일하게 시작하는 것'이 중요합니다. 이것은 Google 검색에서 우선순위에 뜨게 만드는 글쓰기 요령인 SEO(검색엔진 최적화)를 써 보신 분이라면 쉽게 이해하실 수 있습니다(SEO 글쓰기의 처음 시작이 제목과 동일한 내용으로 해야 검색에서 우선순위에 노출된다는 내용이 있습니다).

제목과 동일하게 전달하려는 정보를 영상 시작 부분에 배치했다면 다음으로는 영상 속도의 문제입니다. Shorts 시작 초기에 임팩트 있는 화면으로 전체 내용을 갈무리 했다면, 전체 영상 길이가 15초이든, 60초이든 상관없이 뒤로 갈수록 속도가 빨라져야 합니다. 무음 구간을 최대한 삭제하고 뒤로 갈수록 속도를 빠르게 편집해야합니다. Shorts를 보는 시청자들이 쉴 수 있는 틈을 주면 안 됩니다. 갈수록 빨라지게 편집해서 언제 영상이 끝났는지 모르고 다시 영상이 시작되는 반복시청(Loop) 효과를 만들어야 합니다. 당연히 Shorts 마지막에 인사말이나 영상이 끝났다는 내용은 넣지 말아야합니다. 만약 내 목소리가 이상하게 들릴지 몰라 신경 쓰인다면 영상 속도를 너무 빠르게 하는 것보다, 음절과 음절 사이 구간을 최대한 붙여서 편집하는 방법도 있습니다.

썸네일의 단순화

YouTube 크리에이터라면 누구나 한 번쯤은 들어봤을 이름은 '미스터 비스트(Mr Beast : https://www.youtube.com/@MrBeast)입니다. 미스터 비스트가 올리는 영상들은, 롱폼이나 Shorts나 상관없이, 적게는 1,000만 조회 수에서 1억 이상의 조회 수를 평균적으로 보이고 있습니다.

미스터 비스트가 YouTube 영상 제작 시 가장 중요하게 생각하는 것으로 '썸네일과 제목, 처음 시작 후 5초'를 이야기 했습니다. 그 중에서 썸네일의 중요성에 대해 말합니다.

> 질문 : How do I make a good thumbnail?
> How do I get people to click my video?
>
> 답변 : You want it to be simple. You want them to instantly
> be able to understand what you're conveying and you want
> them to feel some type of emotion, you know what I mean?

미스터 비스트가 영상 제작에서 가장 중요하다고 말한 것 중에서 강조하는 부분이 썸네일입니다. 미스터 비스트는 '좋은 썸네일은 어떻게 만드냐, 사람들이 내 영상을 어떻게 클릭하게 만드냐'는 질문에 '간단해야 한다'고 답변하고 있습니다. '간단하고 쉽게 표현하면서, 상대방이 내용을 즉시 이해하고 어떤 감정을 느끼게 해야 한다'고 말이죠.

YouTube 동영상을 제작할 때, 많은 사람들이 썸네일의 중요성에 대해서 이야기를 합니다. 시청자들이 제일 먼저 보게 되는 것이 내 영상의 간판격인 썸네일과 제목이기 때문입니다. 미스터 비스트의 채널 영상 썸네일을 보면 공통적인 특징들이 있습니다. 미스터 비스트의 과장된 비현실적인 얼굴입니다. 깔끔한 피부와 하얀 치아, 공격적으로 정면을 바라보면서 시청자들과 아이컨택을 하는 눈입니다(1, 2). 그리고 2~3개의 요소만 들어가 있다는 것입니다(3). 명확한 메시지를 전달하기 위해서 시선을 분산시키는 글씨도 최소화하고 있습니다(4).

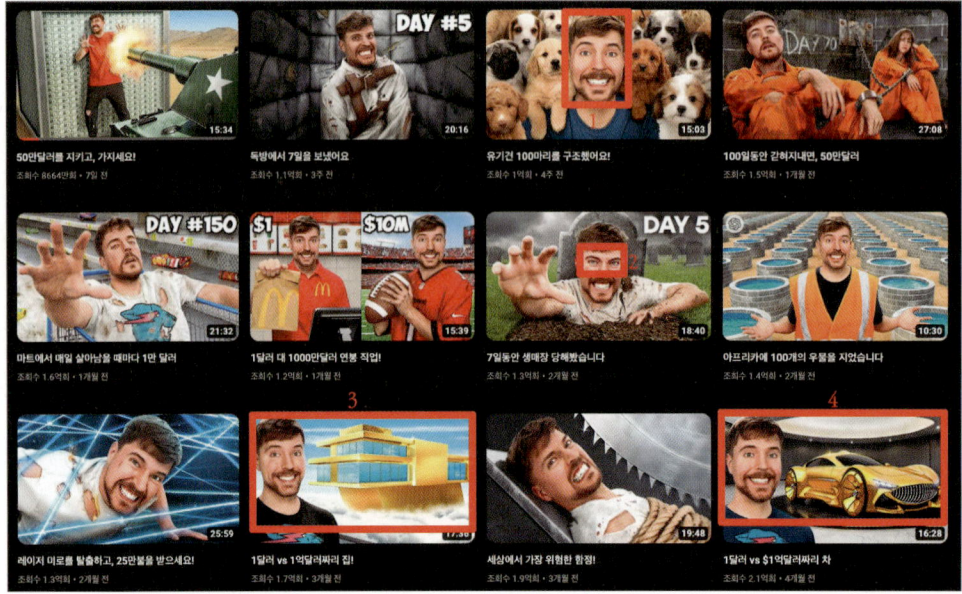

대형 YouTuber들이 넘쳐나는 YouTube에서 초보들이 살아남으려면 시선을 끌어야 하는데, 미스터 비스트는 그것이 '간결함과 명확성'이라고 말하는 것입니다. 순간적으로 스와이프하며 지나가는 영상들 속에서 내 영상을 선택하도록 만들려면 썸네일에서 차별성을 둬야 하는 것입니다. 제목에 관해서는 논의의 여지가 있지만, 썸네일은 시선을 끌어서 내 영상을 시청하도록 만들어야 합니다. 미스터 비스트가 계속 이런 썸네일을 사용한다는 것은 그만큼 효율적이라고 생각할 수 있습니다.

전 세계적으로 인기를 끌고 있는 대형 YouTuber들의 썸네일을 참고로 살펴봐도 동일한 경향을 보이고 있습니다.

- Cocomelon : 구독자 1.7억 명(2024.1 기준)을 보유한 Kids 채널 중에서 가장 인기 있는 미국 YouTube 채널입니다(좌, https://www.youtube.com/@CoComelon/videos).
- Like Nastya : 구독자 1.12억 명(2024.1 기준)을 보유하고 있는 러시아 Kide YouTube 채널입니다(우, https://www.youtube.com/channel/UCJplp5SjeGSdVdwsfb9Q7lQ)

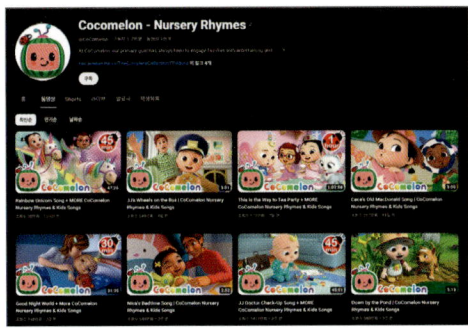 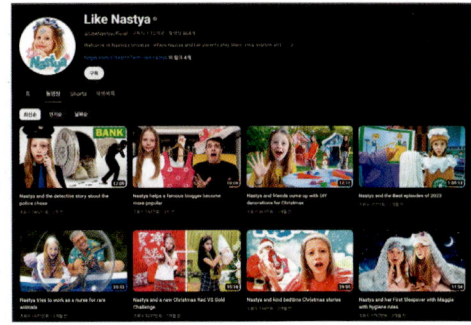

쇼츠는 기획력이다

(1) HICC 동영상 구조

롱폼 영상이든지 숏폼 영상이든지 상관없이 시청자를 사로잡는 동영상 구조는 HICC로 말할 수 있습니다.

- H(Hook) : 도입부 3-5초(롱폼은 15초) 안에 시청자를 사로잡는 것이 중요합니다. 시청자들의 관심을 사로잡아 이탈률을 줄이는 것이 목표입니다.
- I(Intro) : Hooking으로 시청자들의 관심을 사로잡았으면 빠르게 주제를 소개합니다. 또한 영상에서 다루려는 내용을 미리 보여주거나, 뒤이어 나올 구체적인 내용을 알려줄 수 있습니다.
- C(Content) : 영상의 주제 부분입니다.
- C(Call To Action) : 동영상에 대한 좋아요나 댓글, 구독, 다른 동영상 시청하기 등의 시청자 유도를 하는 부분입니다.

Shorts 동영상이 HICC 구조이므로 각 단계별로 어떻게 영상을 구성할 것인지가 중요합니다. 생각한대로 촬영한 다음 편집에서 원하는 영상을 만들 수도 있습니다. 하지만 좀 더 퀄리티 있는 영상과 시청자들의 만족을 위해서는 기획이 필요합니다. Shorts 동영상을 만드는 것은 쉽지만 촬영을 하기 전에 기획(Planning)을 해야 합니다. 콘텐츠를 기획하는 일이 더 나은 품질의 영상을 만드는 방법입니다. 여기서 '기획'이란 채널 전체를 어떻게 구성할 것인지, 어떤 주제로 영상을 만들 것인지, 영상 흐름은 어떻게 만들 것인지, 대본은 어떻게 할지를 계획하는 것을 말합니다.

(2) 좋은 기획이란 무엇인가?

기획의 첫 단계는 어떤 목적을 가지고 Shorts를 만들 것인가와 내 Shorts는 어떤 타겟을 목표로 하는지 구체적인 연령과 성별, 관심사 등을 고려하는 것입니다. Shorts에서 좋은 기획이란, 시청자들을 끌어들일 수 있는 흥미로운 주제를 선정하고, 그 주제를 스토리텔링으로 풀어나가는 것입니다.

주제에 대한 재미와 흥미는, 지금까지 알지 못했던 정보를 알게 됐을 때 느끼는 만족감이나, 내가 겪어보지 못한 상황에 대해 타인의 경험을 간접적으로 느끼면서 가질 수 있는 대리만족에서 발생합니다. Shorts를 보는 시청자들은 정보나 간접경험을 주는 콘텐츠를 봤을 때 재미와 흥미를 느낍니다. Shorts를 기획하는 단계에서 이것을 토대로 영상을 만들어야 합니다.

Shorts는 짧은 시간에 주목을 끌고 시청자와 소통하는 데 초점이 맞춰져 있습니다. 'Shorts는 기획력이다'라는 말은 다양한 측면에서 의미가 있습니다. YouTube Shorts를 성공적으로 기획하기 위해서는 다음과 같은 사항을 고려해야 합니다.

- **목표설정과 메시지의 명확성**

Shorts는 짧은 시간 동안 강력한 메시지를 전달해야 합니다. 따라서 기획 단계에서 명확하고 간결한 메시지를 정하고, 이것을 강조할 수 있는 독특한 컨셉을 만들어야 합니다. 주제가 재미있어야 합니다. 처음부터 재미없는 주제를 가지고 아무리 기획을 잘해도 시청자들은 흥미를 느끼지 못합니다. 내가 만들고자하는 Shorts의 목표를 정확하게 설정하세요. 목표 시청자들의 관심사를 고려하여 영상의 주제와 내용을 선정하는 것이 중요합니다.

> ◆ 타겟 시청자 설정을 위한 질문
>   - 내 Shorts를 보는 사람들은 누구인가?
>   - 그 사람들의 관심사는 무엇인가?
>   - 그 사람들은 어떤 영상을 좋아할까?

- **시각적인 매력과 디자인**

Shorts는 시각적으로 매력적이어야 합니다. 6-7초마다 빠른 화면 전환과 다양한 이미지와 영상을 활용해서 시각적으로 눈에 띄는 콘텐츠를 만듭니다. 효과적인 썸네일과 디자인은 시청자를 끌어들일 수 있습니다.

- **공유하고 싶은 가치나 공감대 형성**

Shorts는 단순하게 짧고 재미있는 영상이 아닙니다. 시청자들에게 공유하고 싶은 가치나 정보를 제공해야 합니다. Shorts를 통해서 유익한 정보나 감동, 재미 등을 제공해야 합니다. Shorts는 시청자들과 감정적으로 연결되어야 합니다. 예를 들어, 생활의 지혜나 꿀팁, 자기 계발, 사회적 이슈 등과 관련된 주제의 Shorts가 인기를 얻을 수 있습니다.

또한, Shorts가 짧은 영상일지라도 좋은 Shorts는 강력한 스토리텔링을 가져야 합니다. 스토리가 짜임새 있게 구성되어야 한다는 말입니다. 시청자가 이해하기 쉽고 감동적인 이야기를 전달하면 기억에 남게 됩니다.

기획은 영상의 품질을 향상시킬 뿐만 아니라 제작도 쉽게 만들어줍니다. 콘텐츠에 대한 명확한 아이디어를 갖고, 대본과 콘티 목록을 작성하고, 영상이 완료된 후에 어떤 모습으로 나타날지 생각합니다. 처음에는 시간이 더 걸릴 수 있지만 나중에는 소중한 시간을 절약하는 방법이 됩니다.

춤이나 노래를 잘 한다든지, 특별한 능력을 가졌든지, 외모가 뛰어나든지, 유머 감각이 있다면 그런 사람들은 기획을 하기도 쉽고 심지어 기획을 하지 않아도 됩니다. 하지만 대다수의 사람들은 그런 능력들을 가지고 있지 못합니다. 평범한 사람들에게 기획이 반드시 필요한 이유입니다. 외모나 재능 면에서 부족한 부분을 철저한 기획으로 보완해야 합니다.

조회수 증가를 위한 태그 사용법

(1) 유튜브에서의 해시태그(Hashtag)

해시태그는 제목과 설명과 더불어 게시물에 일종의 꼬리표를 달아서 더 많은 시청자들에게 도달할 수 있는 요소입니다. 특정 단어나 문구 앞에 해시(#)를 붙여서 연관된 정보를 한꺼번에 묶을 때 사용합니다. 해시(#) 기호를 사용해서 게시물을 같이 묶는다(Tag)는 의미로 해시태그라고 합니다. 처음에는 인스타그램이나 페이스북에서 관련 정보를 묶는 기능으로 쓰였습니다. 지금은 그 용도가 확장되어, 검색에 사용되거나 같은 해시태그를 달면 다른 사용자들이 그 해시태그를 단 게시물들을 함께 찾아볼 수 있습니다.

YouTube에서 검색창에 영상에 관련된 키워드를 넣고 검색하는 것과, 해시태그를 넣고 검색하는 것은 결과물이 다릅니다. 키워드로 검색하면 제목에 그 키워드들이 들어 간 영상들이나, 비슷한 주제의 영상들이 검색됩니다. 하지만 키워드 앞에 해시태그를 붙여서 검색하면 키워드에 해시태그를 붙인 영상들이 제일 먼저 검색됩니다.

> 키워드 검색 – 알고리즘에 최적화 된 검색 결과
> 해시태그 검색 – 해시태그 검색어가 들어 간 결과

(2) 효과적으로 해시태그 다는 방법

해시태그는 띄어쓰기를 하면 안 됩니다. 인스타그램이나 페이스북에서 하는 것처럼 언더바(_)를 사용하는 것도 안 됩니다. 단, 시청자들은 YouTube에서 검색을 할 때 해시태그를 붙여서 검색하지 않습니다. 제목에는 내 Shorts 영상과 관련 있는 키워드를 넣어야 합니다. Shorts에서 해시태그를 확인하려면, Shorts 동영상에서 우측 위에 있는 점 세 개를 누릅니다(사진 1). 항목 중에 맨 위에 있는 '설명'을 누릅니다(사진 2). 파란색으로 Shorts 영상에 달린 해시태그가 보입니다(사진 3).

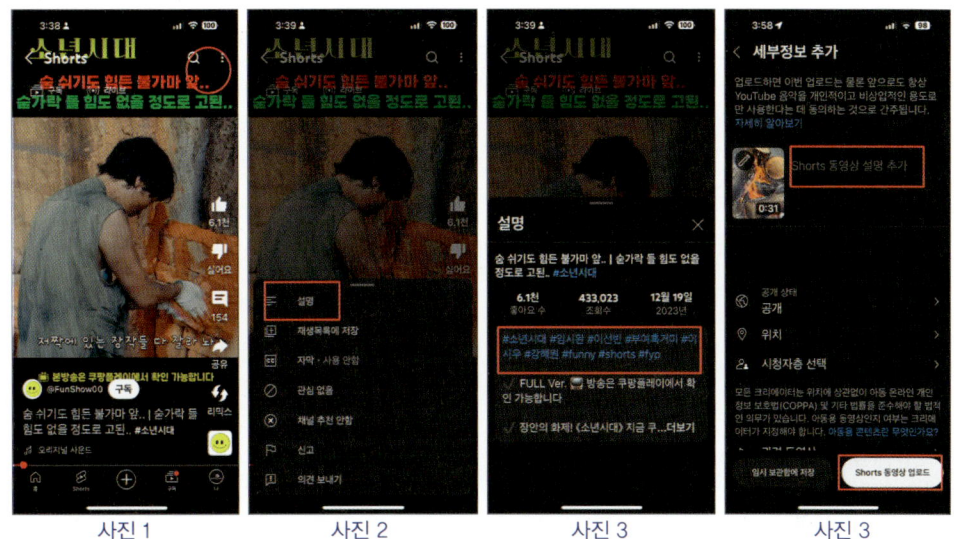

사진 1   사진 2   사진 3   사진 3

해시태그는 제목에 쓰거나, 따로 넣는 것이 아니라 Shorts 편집이 다 끝나고 영상을 업로드 할 때 '세부정보 추가'에서 'Shorts 동영상 설명 추가'에 해시태그를 넣어야 합니다(사진 4). 채널을 막 시작한 경우에는 해시태그 노출을 원하는 키워드를 3-20여개 정도 사용해서, 같은 관심사를 가진 시청자의 유입을 노릴 수도 있습니다.

(3) 해시태그 사용시 주의할 점

해시태그를 사용할 때 조회수를 목적으로 내 Shorts 동영상과 상관없는, 요즘 이슈가 되거나 인기 있는 해시태그를 계속해서 붙이면 안 됩니다. 해시태그는 내 동영상 내용에 맞는 내용으로 해야 합니다. 또한 YouTube 커뮤니티 가이드를 준수해야 합니다. 저속한 언어나 성적인 내용은 당연하게 안 됩니다.

- YouTube 해시태그 사용 정책

- 공백 미포함 : 해시태그에는 공백이 포함되지 않습니다. 해시태그에 단어 2개를 포함하려면 '#두단어, #단어둘'과 같이 붙여 쓰세요.

- **혼동을 야기하는 콘텐츠** : 동영상 또는 재생목록과 직접적으로 관련이 없는 해시태그를 추가해서는 안 됩니다. 관련이 없거나 혼동을 야기하는 해시태그를 사용하면 동영상 또는 재생목록이 삭제될 수 있습니다.
- **성적인 표현** : 성적이거나 음란한 내용의 해시태그를 추가하면 동영상 또는 재생목록이 삭제될 수 있습니다. 성적 호기심을 유발하는 동영상은 YouTube에서 허용되지 않는 경우가 많습니다.
- **과도한 태그** : 동영상 또는 재생목록 1개에 지나치게 많은 태그를 추가하지 마세요. 태그를 많이 추가하면 할수록 검색 중인 시청자나 청취자에게는 태그의 관련성이 떨어지게 됩니다. 동영상 또는 재생목록에 60개가 넘는 해시태그가 있는 경우 YouTube에서는 콘텐츠의 해시태그를 무시합니다. 태그를 과도하게 추가하면 업로드 항목 또는 검색 결과에서 동영상이 삭제될 수 있습니다.
- **해시태그가 아닌 해시태그** : 해시태그를 추가하는 것은 허용되지만 일반적인 설명을 하는 태그나 반복적인 문장을 설명에 추가하는 것은 여전히 금지됩니다. 이 정책을 위반할 경우 동영상 또는 재생목록이 삭제되거나 불이익이 발생할 수도 있습니다.

해시태그는 너무 많이 넣는다고 해서 좋은 것이 아닙니다. 해시태그를 남발하면, 해시태그에 의해 검색에 걸리게 되더라도 노출이 안 될 수 있습니다. 너무 많은 해시태그는 그 동영상이 어디에 속하는지 알 수 없어서 누락될 수도 있습니다. 계속 해시태그를 남발하면 YouTube 커뮤니티 가이드 위반으로 제재를 받을 수 있습니다. 해시태그는 60개까지 사용할 수 있습니다.

또한 우리가 일반적으로 인스타그램이나 페이스북에서 사용하는 것처럼 '언더바(_)'를 사용하거나, 설명식으로 길게 문장처럼 해시태그를 사용하는 것도 해시태그가 아닌 해시태그로 인식해서 사용을 제한합니다.

> 사용 불가 해시태그 → #인스타그램_최애 / #집에빨리가고싶다

참고할 만한 국내·외 쇼츠 제작자

(1) 미스터 비스트(Mr Beast : https://www.youtube.com/@MrBeast)

구독자 2.33억 명(2024.1 기준)을 보유한 세계적으로 유명한 YouTube Creator입니다(보유한 채널 구독자를 전부 합치면 4억 명에 가깝습니다). 기존의 롱폼 동영상을 Shorts로 재사용하는 형태를 보여줍니다. 기존 롱폼에서 하이라이트를 만들어서 채널로 유인하거나 롱폼 영상을 시청하기에 좋은 전략입니다. Shorts도 즐기면서 전체 영상을 더 많이 보여주는 방법인데, 미스터 비스트는 규모면에서 일반인들이 따라 하기 힘든 부분이 있습니다.

(2) The Voice (https://www.youtube.com/@nbcthevoice)

우리나라에서도 방영했었던 음악 경쟁 프로그램 'The Voice of Korea'의 미국판입니다. NBC 방송국의 'The Voice'는 구독자 900만을 넘어선 채널입니다(2023.12 기준 908만 명). 시즌 시작을 알리는 진행자들의 재미있는 영상을 Shorts로 만들어서 정보제공과 흥미를 불러일으키는 역할을 하고 있습니다. 출연자들의 영상 또한 Shorts로 만들어서 더 많은 사람들이 시청을 하도록 유도합니다.

(3) 승비니 (https://www.youtube.com/@seungbini67)

구독자 1,730만명(2023.12 기준)을 보유한 Shorts 제작자입니다. 해외 TikTok에 대한 리액션이나 TilTok에 등장하는 특이한 아이템들을 본인이 실제로 체험해 보는 콘텐츠로 유명합니다. 2021년 2월에 활동을 시작했는데 2년도 안된 시점에 구독자 수가 급상승 했습니다. 2023년 10월 YouTube 채널 주간 조회수 순위에서도 1억 3983만회로 3위를 기록했습니다.

(4) 유백합 (https://www.youtube.com/@kkubi99)

구독자 812만명(2023.12 기준)을 보유한 숏폼 크리에이터입니다. 하나의 숏폼으로 Shorts, TikTok, Reels에 사용하는 'OSMU(One Source Multi Use)'의 전형적인 예를 보여주고 있습니다. 2023년 10월 YouTube 채널 주간 조회수 1억 7755만회로 1위를 기록했습니다.

(5) ESPN (https://www.youtube.com/@espn/shorts)

스포츠 전문 채널인 ESPN은 Shorts를 이용해서 인기 있는 선수와 방송에 대한 빠른 업데이트를 제공합니다. 구독자 1,100만명(2023.12 기준)을 보유한 ESPN은 스포츠 뉴스를 Shorts를 활용해서 신속하게 전달하는 좋은 예입니다.

02

쇼츠를 더욱 잘 활용하기 위해 알아야 할 것들

02-1 쇼츠를 위한 무료 사진과 영상 및 AI로 쇼츠 생성하기

사진과 영상 무료 사이트

(1) 펙셀즈 (https://www.pexels.com/ko-kr/)

로그인 없이 이미지 검색 및 다운로드가 가능합니다. 한글과 영어 검색이 가능하지만, 영어로 검색하면 더 많은 결과물을 보여줍니다. 영상도 고화질의 예쁜 색감들이 많습니다. Full HD 영상을 다운받아 사용 가능합니다.

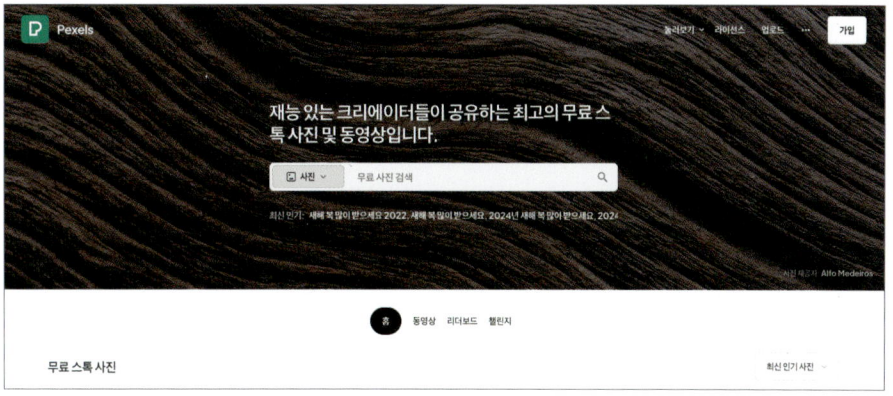

(2) 픽사베이 (https://pixabay.com/)

430만 개 이상의 고퀄리티의 사진과 일러스트, 영상들을 제공하고 있습니다. 무료 이미지 사이트 중에서 가장 많이 알려져 있는 곳입니다. 로그인 없이 사진을 다운 받을 수 있고, 원하는 키워드로 검색을 해서 사용할 수 있습니다. 키워드는 한글로 검색이 가능하지만, 영어로 검색하면 더 정확한 결과를 이끌어낼 수 있습니다. 영상도 4K나 HD 버전으로 다운 받아서 사용할 수 있습니다.

(3) 언스플래쉬 (https://unsplash.com/ko)

감각적이고 최신 트렌드의 이미지가 많은 사이트입니다. 픽사베이가 방대한 양이 장점이라면, 언스플래쉬는 감각적이고 트렌디한 이미지들이 많습니다. 라이센스 범위를 확인해서, 전 세계 사람들이 올린 사진을 개인적이거나 출력물, 상업적 용도로 사용가능합니다. 언스플래쉬는 이미지만 지원하고 영상은 지원하지 않습니다.

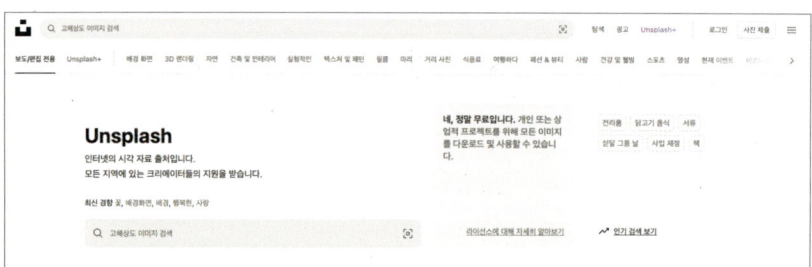

(4) 스톡키오 (https://www.stockio.com/)

한국어를 지원하지 않아서 아쉽지만 품질이 아주 좋습니다. 고품질의 사진 및 영상, 폰트와 아이콘도 무료로 받을 수 있습니다. 개인 및 상업용 모두 무료이며, 저작자 표시가 따로 필요하지도 않습니다.

(5) 비데보 (https://www.videvo.net/)

비데보에는 100만 개가 넘는 동영상, 모션 그래픽, 음향효과를 다운 받을 수 있습니다. 짧은 길이의 영상이 많기 때문에 롱폼의 인트로 영상이나 Shorts에 활용하기 좋습니다. 업데이트 주기가 짧아서 새로운 영상 소스들을 자주 만날 수 있습니다. 사용가능한 라이센스가 좀 복잡하므로, 라이센스는 'Royal Free'를 선택해서 다운 받으세요.

(6) 코버 (https://coverr.co/)

로그인 없이 간편하게 음식이나 테크, 예술 등 다양한 카테고리의 영상을 다운받을 수 있습니다. 카테고리별로 영상이 분류되어 있어서 관련 영상들을 쉽게 찾을 수 있습니다.

(7) 믹스킷 (https://mixkit.co/)

영상을 제작하기 위한 무료 영상과 음향효과, 영상 템플릿까지 무료로 제공하는 사이트입니다. 감각적인 영상을 제작하고 싶다면, 믹스킷에서 화려한 효과의 영상을 얻을 수 있습니다. 영상 소스와 음원까지 한 번에 다운 받을 수 있어서 편리합니다.

AI로 쇼츠 생성하기

요즘 YouTube를 보면 자동으로 Shorts를 만들어주는 툴에 대한 설명이 넘쳐납니다. 영상에 대한 기획을 하고, 대본을 만들고, 영상 촬영과 편집 등 다양한 일을 인공지능이 자동으로 해주는 것이니, YouTube Shorts 초보 크리에이터들은 너무 좋은 일입니다. 하지만 인공지능 기반 Shorts 영상 생성 툴들은 편의성을 제공하지만, 창의성을 제한할 수 있다는 것을 항상 생각해야 합니다. 또한 만들어진 내용이 정확한지 반드시 확인해야 합니다. 툴의 기능을 단순하게 이용할 것이 아니라 명령어(프롬프트)나 주제, 상황에 대한 것들을 크리에이터의 개성과 아이디어를 포함해야 합니다.

AI(인공지능)로 Shorts 영상을 만드는 툴은 크게 두 가지로 나눌 수 있습니다. YouTube에서 제공하는 공식 툴과 제 3자가 제공하는 툴입니다. YouTube에서 제공하는 툴들은 아직 베타버전들이며, 제 3자가 제공하는 툴들은 많은 AI 툴 중에서 대표적인 세 가지만 간단히 말씀드리겠습니다.

(1) 유튜브에서 제공하는 공식 툴

YouTube에서는 Shorts 제작자들이 쉽게 Shorts를 만들고 편집할 수 있도록 다양한 인공지능 기반 도구들을 제공하고 있습니다.

1) 드림 스크린 : 드림 스크린은 크리에이터가 자신의 아이디어를 입력하면, Shorts에 인공지능이 생성한 동영상이나 이미지 배경을 만들어 주는 기능입니다. 2024년 1월 현재 베타 버전으로 일부 크리에이터들에게만 제공하고 있습니다. 하지만 곧 정식 서비스를 할 것으로 보입니다.

2) 인공지능 인사이트 : 인공지능 인사이트는 YouTube Studio의 리서치 탭에 추가된 기능입니다. 이용자들의 관심사를 기반으로 콘텐츠 아이디어나 영상 개요 초안을 제공합니다.

3) 얼라우드 : 얼라우드는 인공지능 기반 더빙 기능입니다. 크리에이터들의 언어장벽 문제를 해결하려고 만든 툴입니다. 2024년 1월 현재 아직 베타버전으로 일부 크리에이터들에게만 제공되고 있습니다.

(2) 제 3자가 제공하는 툴

1) Designs.ai : 스톡 영상과 이미지를 활용하여 다양한 Shorts를 제작할 수 있는 도구입니다. 인공지능이 영상의 분위기와 구성을 자동으로 추천해주는 기능도 제공합니다.
2) Vrew : Vrew는 인공지능을 사용해서 영상의 자막, 효과, 음악 등을 자동으로 생성해주는 툴입니다. 초보자도 쉽게 높은 품질의 Shorts를 제작할 수 있도록 도와줍니다. 일부 무료고, 전 기능을 사용하려면 유료 결제가 필요합니다.
3) 비디오 스튜 : 비디오 스튜는 다양한 템플릿과 효과를 사용해서 Shorts를 제작할 수 있는 툴입니다. 인공지능을 사용해서 영상의 길이를 자동으로 조절해 주는 기능도 제공합니다.

Chat GPT와 뤼튼(;wrtn), Bard를 활용해서 대본 만들기

Shorts에 대한 관심이 높아지면서 많은 분들이 숏폼 영상을 많이 만들고 있습니다. 하지만 앞에서도 말씀 드렸듯이, 아무거나 올리는 영상 보다 철저하게 계획해서 올리는 영상이 양질의 영상을 만드는 기본입니다. 챗 GPT와 뤼튼, 구글의 Bard로 Shorts를 위한 대본을 만드는 방법을 간단하게 설명해 보겠습니다.

생성형 AI로 Shorts 대본을 만드는 방법은, 첫 번째 주제만 알려주고 대본을 형성하도록 하고, 두 번째는 원고를 제공하고 그 원고를 바탕으로 대본을 만드는 방법을 사용해 보겠습니다. 동일한 조건으로 실험한 것이므로 어떤 것이 좋은지 판단해 보시기 바랍니다.

(1) 주제를 알려주고 쇼츠 대본 만들기

예시 주제 : 5분 안에 만드는 쉬운 쿠키 레시피

명령어 : '5분 안에 만드는 쉬운 쿠키 레시피'라는 주제로 Shorts 대본을 만들어줘

챗 GPT	뤼튼	바드

1) 챗 GPT

쿠키 만들기 Shorts 대본
(음악이 감동적으로 흐르며 화면에 여러 재료들이 나열되어 있습니다.)

장면 1: 소개
안녕하세요, 여러분! 오늘은 5분 안에 만들 수 있는 쉬운 쿠키 레시피를 소개합니다. 사진으로 창의적이고 맛있는 순간을 담아보는 건 어떨까요?

장면 2: 재료 소개
이제 시작해볼까요? 레시피에 필요한 재료는 간단해요. 버터, 설탕, 박력분, 베이킹 소다, 바닐라 추출물 그리고 초콜릿 칩이 필요합니다. 사진일반이론에 따르면, 재료 선택이 중요하죠. 풍부한 초콜릿 칩이나 고품질의 바닐라 추출물을 고르면 좋은 결과를 얻을 수 있어요.

장면 3: 준비 과정
이제 재료들을 순서대로 섞어봅시다. 큰 볼에 소금 없이 버터와 설탕을 휘핑해주세요. 여기에서 손 움직임은 마치 사진을 찍는 듯한 정확함이 필요하겠죠?

장면 4: 베이킹
이제 박력분과 베이킹 소다를 천천히 섞어주세요. 손길은 부드럽게, 마치 브러시로 사진을 촬영하듯이 섬세하게 섞으면 좋아요. 마지막으로 초콜릿 칩을 넣고 고르게 섞어줍시다. 이 과정에서 간간히 렌즈를 조리개를 통해 조절하는 듯한 느낌을 주면 좋을 것 같아요.

장면 5: 완성과 마무리
이제 준비가 끝났습니다! 작은 크기로 반죽을 떼어내고 오븐에 넣어 180도에서 10분 동안 굽습니다. 그 동안 여유 있게 다가와 사진을 찍어보세요. 튀긴 쿠키와 따뜻한 빛이 어우러져 환상적인 순간이 될 거에요.

종료
맛있는 쿠키 완성! 여러분도 이 쉬운 레시피로 간편하게 디저트를 즐겨보세요. 사진을 찍으면서 창의적인 과정을 느껴보는 재미도 쏠쏠할 거에요. 계속해서 창의적인 순간을 만들어봐요!

※ 챗 GPT는 저에 대한 학습을 이미 마친 상황이라, 제 직업(사진가)과 관심사에 맞춰서 답변을 했다는 것을 참고하세요.

2) 뤼튼

 안녕하세요. 이번에는 '5분 안에 만드는 쉬운 쿠키 레시피'를 소개하려고 합니다. 빠른 시간 안에 맛있는 쿠키를 만들어보세요!

1. [시작]
"안녕하세요, 오늘은 간단하게 만들 수 있는 쿠키 레시피를 소개해드릴 거예요. 준비물은 설탕, 버터, 밀가루, 베이킹 파우더, 계란, 그리고 바닐라 추출물이 필요하답니다. 준비된 분들은 함께 시작해볼까요?

"2. [재료 섞기]"먼저, 설탕과 버터를 큰 그릇에 넣고 잘 섞어주세요. 그 다음에 계란과 바닐라 추출물을 넣고 다시 섞어주시고요. 마지막으로 밀가루와 베이킹 파우더를 체에 넣어 고루 섞어주세요.

"3. [쿠키 모양 만들기]"이제 쿠키 반죽을 준비했으니, 손으로 작은 공 모양으로 만들어주세요. 그리고 주의할 점은 너무 두껍게 만들지 않도록 주의해야 해요.

"4. [오븐에 굽기]"그럼 이제 준비된 쿠키 반죽을 오븐에 넣어줄 차례입니다. 180도로 예열된 오븐에 10~15분 정도 굽다가 쿠키가 금방이 들면 완성이랍니다!

"5. [마무리]"그렇게 간단하게 5분 만에 쿠키 반죽을 만들 수 있어요. 굽는 시간까지 합하면 20분도 안 걸리는데요, 간단하게 차 한잔과 함께 즐겨보세요. 재미있게 따라해주셔서 고마워요. 다음에 또 만나요!

3) 바드

음성: 안녕하세요, 여러분! 오늘은 5분 안에 만드는 쉬운 쿠키 레시피를 알려드리려고 합니다.
영상: 버터 100g, 설탕 70g, 달걀 1개, 박력분 120g, 베이킹파우더 3g을 준비합니다.
음성: 버터는 실온에 꺼내두어 부드럽게 해줍니다.
영상: 버터와 설탕을 섞어 부드럽게 풀어줍니다.
음성: 달걀을 넣고 잘 섞어줍니다.
영상: 박력분과 베이킹파우더를 넣고 가볍게 섞어줍니다.
음성: 쿠키 모양을 만들어 180도로 예열한 오븐에 10분 정도 구워줍니다.
영상: 완성된 쿠키를 식혀서 맛있게 드세요!
음성: 정말 쉬운 레시피죠? 집에 있는 재료만으로 간단하게 만들 수 있으니, 오늘 저녁에 가족들과 함께 만들어보는 건 어떨까요?
영상 끝
팁:
- 버터는 너무 오래 섞지 않도록 주의하세요.
- 박력분과 베이킹파우더는 가루가 보이지 않을 정도로만 섞어주세요.
- 쿠키의 모양은 마음대로 만들어주세요.

영상 끝

(2) 원고를 제공하고 쇼츠 대본 만들기

두 번째는 관련 정보나 원고를 제공하고 Shorts 대본으로 만들어 달라고 지시합니다. 포털 사이트에 있는 최신 기사 하나를 복사해서 따옴표(" ") 사이에 넣고 명령을 하겠습니다 (기사 인용 : 시사저널 2024.1.2. '공무원 보수 2.5% 오른다...윤대통령 연봉은?).

명령어 : 이 글을 요약해서 YouTube Shorts 대본으로 만들어줘. "기사 원문"

1) 챗 GPT

YouTube Shorts 대본: "정부 공무원 보수 인상 소식"
(따스한 음악이 시작되며 화면에는 뉴스 헤드라인과 이미지들이 나타납니다.)

장면 1: 소식 소개
안녕하세요, 여러분! 오늘은 정부의 공무원 보수 인상 소식에 대해 알아보려고 해요. 지난해에 이어 더 높아진 공무원 보수, 함께 살펴볼까요?

장면 2: 주요 내용 소개
정부가 공무원 보수를 지난해 대비 2.5% 이상 인상했다고 합니다. 9급 공무원 중에서도 보수가 처음으로 3000만원을 넘어섰다고 해요. 군 병장의 월급 또한 125만원으로 상승했습니다.

장면 3: 규정 개정안 및 추가 혜택
정부는 국무회의를 열어 공무원 보수규정 개정안을 의결했습니다. 최저 2.5%의 인상 뿐만 아니라, 특수 업무를 수행하는 공무원에게는 '특수 업무수당'을 추가로 주기로 결정했어요. 이제는 재난 대응과 관련된 업무를 하는 공무원들에게도 추가 수당이 지급된다고 하네요.

장면 4: 대통령 및 고위직 연봉
대통령 및 고위직 공무원들의 연봉도 살펴봤습니다. 대통령의 연봉은 4.2% 상승하여 2억5493만 3000원이 되었어요. 국무총리, 부총리, 장관급 공무원들의 연봉도 각각 어떻게 변했을지 확인해보세요.

장면 5: 근로 병사 월급 상승 및 민간인 채용 혜택
근로 병사들의 월급도 상승했고, 민간에서 전문성이 있는 민간인을 공직에 유치하기 위한 연봉 상한 폐지 등 다양한 혜택이 소개되었습니다. 이제는 더 다양한 전문성을 가진 분들이 공무원으로 참여할 수 있겠네요.

종료
이상으로 정부의 공무원 보수 인상 소식을 소개해봤어요. 여러분은 어떻게 생각하시나요? 댓글로 의견을 나눠주세요! 계속해서 다양한 소식과 정보를 공유해드릴게요. 감사합니다!

이렇게 대본을 작성했습니다. 피드백이나 추가로 원하는 내용이 있다면 말씀해주세요!

2) 뤼튼

[장면: 정부 회의실]
- 한덕수 국무총리: 공무원 보수를 인상하는 내용의 개정안을 의결하겠습니다.
- 보조: 공무원 봉급은 최소 2.5% 인상되고, 저직급 및 저연차 공무원은 더 높은 비율로 인상될 예정입니다.
- 한덕수 국무총리: 또한, 초임 공무원의 봉급과 수당을 합한 보수도 상승하며, 현장 공무원의 처우도 개선될 것입니다.
- 보조: 재난 관련 업무를 수행하는 공무원에게는 특수 업무수당이 신설되고, 재난 대응 및 복구 업무에 종사하는 공무원에게는 수당 상한액도 인상될 예정입니다.

[장면: 대통령 사무실]
- 대통령 연봉은 실질적으로 4.2% 인상되어 수령될 것입니다.
- 보조: 한덕수 국무총리, 부총리, 감사원장, 장관급 공무원의 연봉도 정해졌습니다.

[장면: 군 부대]
- 병사 월급은 각 계급별로 증액되었습니다. 주택수당도 일부 직업군인에게 지급되기로 했습니다.

[장면: 민간인 채용 관련 회의]
- 정부는 전문성이 있는 민간인을 공직에 유치하기 위해 민간인 채용 시 연봉 상한을 폐지하였습니다.

3) 바드

제목: 공무원 보수, 9급 연봉 3000만원 돌파!
**내용:
- 정부는 2일 공무원 보수를 지난해 대비 2.5% 이상 인상하기로 결정했습니다.
- 이에 따라 9급 공무원 초임 연봉은 처음으로 3000만원을 넘었습니다.
- 9급 1호봉 공무원의 봉급은 전년 대비 6% 인상된 2,204,900원입니다.
- 여기에 정근수당 가산금 30,000원과 수당을 합하면 연봉은 30,100,000원입니다.
- 병장 월급도 100만원에서 125만원으로 25만원 인상되었습니다.
- 소위와 하사의 초임 봉급도 6% 인상되었으며, 중위와 중사의 봉급도 추가 인상되었습니다.
- 정부는 우주·항공 전문가, 국제통상·국제법 전문 변호사, IT 전문가, 의사 등 전문성이 있는 민간인을 공직에 유치하기 위해, 민간인을 채용해 관련 업무를 맡기는 직위에 대한 연봉 상한을 폐지하기로 했습니다.**

발표시간 계산기

생성형 AI로 완성된 대본으로 만들어진 영상 길이가 어느 정도인지 알 수 없다면 사용할 수 있는 것이 '발표시간 계산기'입니다. Google에서 '발표시간계산기'를 검색합니다. 제일 먼저 나오는 '발표시간 계산기(https://www.speechtime.co.kr/)'를 클릭합니다.

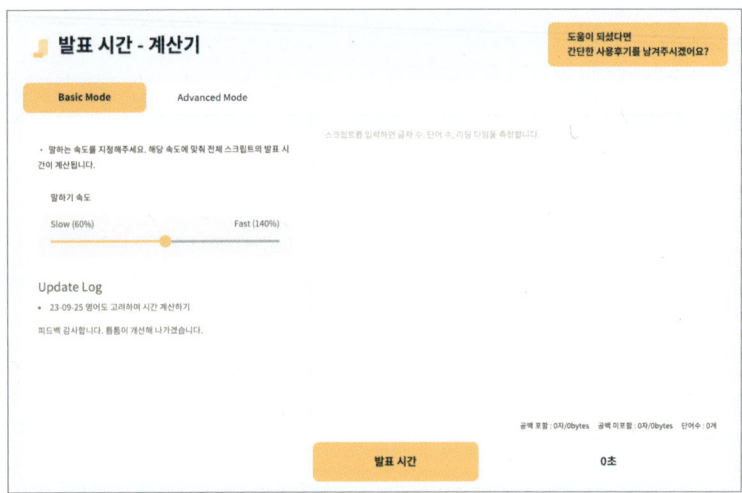

위에서 만든 대본 중 '5분 안에 만드는 쉬운 쿠키 레시피'를 붙여 넣기 해보겠습니다. Shorts 영상 최대 길이가 60초 인데, 시간은 '1분 54초'가 나왔습니다. 대본에서 필요 없는 부분과 긴 설명을 줄여야 합니다.

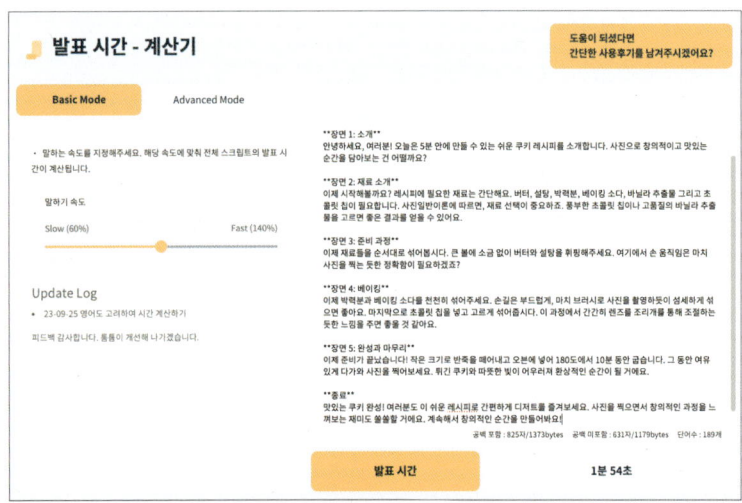

필요 없는 부분들과 들어가지 않아도 좋을 대본들을 전부 삭제하니까 '57초'가 됩니다. 그러면 이 대본을 복사해서 사용합니다.

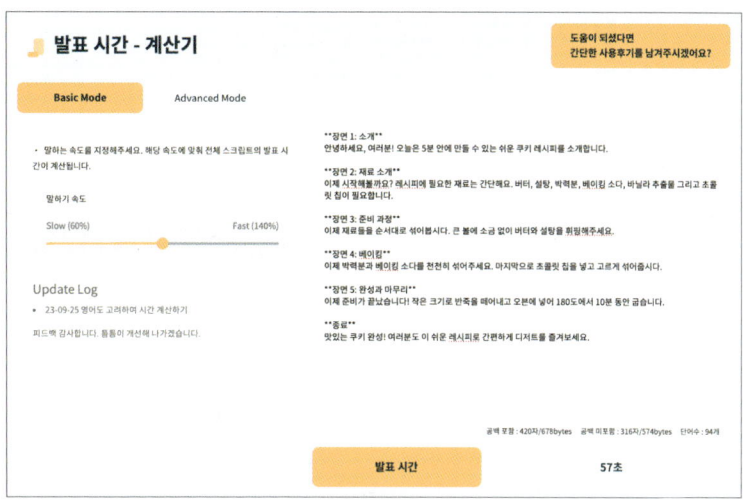

02-2
쇼츠를 위한 인공지능 활용 방법

이전에서 Chat GPT로 Shorts를 위한 대본을 만들고, 시간 계산기로 시간을 조절하는 것까지 배웠습니다. 이 단원에서는 생성형 인공지능을 활용한 Shorts 영상을 자동으로 만들어보도록 하겠습니다. 첫 번째는 Chat GPT와 Vrew로, 두 번째는 뤼튼과 Fliki를 사용해서 만드는 방법을 알아보겠습니다(모두 무료 버전을 사용했습니다. Designs.ai와 비디오 스튜는 유료 버전만 있어서 제외했습니다).

Chat GPT와 Vrew로 쇼츠 만들기

(1) 쇼츠 대본 생성 프롬프트

안녕, 당신의 페르소나는 오늘 피트니스 전문가입니다. 아래에 주어지는 주제와 내용으로 Shorts 대본을 만들어주세요.

주제 : 한 달 만에 3kg을 뺄 수 있는 운동 세 가지

단어 개수는 150개 분량의 대본을 작성해야 합니다. 대본은 다음을 따라야 합니다.
처음은 뉴스 헤드라인 형식의 10자 이내의 제목과 흥미롭고 놀라운 사실이어야 합니다.
처음 대본에 따르는 후속 대본은 처음 대본 내용을 뒷받침하는 과학적 사실이나 역사적 증거여야 합니다.

동영상 본문은 설명하는 주제에 대한 추가 설명이 들어갑니다. 추가 설명에는 주제에 대한 과학적 사실이 포함됩니다. 대본은 주제에 대한 이야기만 들어가야 하며, 촬영 및 장면 전환 같은 추가적인 스크립트 기능은 포함하지 않습니다.

각 문장은 구체적이어야 하고, 간결해야 하며 전문적인 언어를 사용해야 합니다.

(2) Chat GPT 답변 만들기

발표시간을 60초로 맞추기 위해서 불필요한 설명은 삭제합니다.

한 달 동안 체중 감량은 과학적인 원리에 기반해야 합니다. 정기적인 운동은 체지방을 감소시키고 대사를 촉진하여 가능하게 합니다.

안녕하세요, 여러분! 오늘은 한 달 동안 3kg을 감량하는데 도움이 되는 효과적인 운동 세 가지를 알려드릴게요.

첫 번째, '고강도 간헐 운동(HIIT)'은 짧은 시간 동안 고강도 운동과 휴식을 교대하며 지방 연소를 촉진합니다. 이는 신체 대사를 증가시켜 체중 감량을 도와줍니다.

두 번째로, '체중 트레이닝'은 근육을 더하고 신체 대사를 촉진하여 체중 감량을 도와줍니다. 근육량이 늘어날수록 신체는 칼로리를 더 많이 소비합니다.

마지막으로, '유산소 운동'은 심혈관 기능을 향상시키고 전체적인 칼로리 소모를 높여 체중 감량에 효과적입니다. 걷기나 달리기 같은 활동을 포함하세요.

(이런 세 가지 운동을 조합하면, 한 달 동안 3kg을 감량하는 것이 가능합니다. 하지만 체력과 건강 상태에 맞는 운동을 선택하고 전문가의 조언을 듣는 것이 중요합니다. 건강한 변화를 위해 지속적인 노력을 기울여봐요!)

(3) Vrew 설치 및 실행하기

1) 설치

Vrew 홈페이지(https://vrew.voyagerx.com/ko/)에서
내 컴퓨터에 맞는 버전을 다운 받습니다.

① 다운로드 받은 Vrew 프로그램을 설치하면 첫 화면이 아래와 같이 나옵니다. 여기서 '새로 만들기'를 누릅니다.

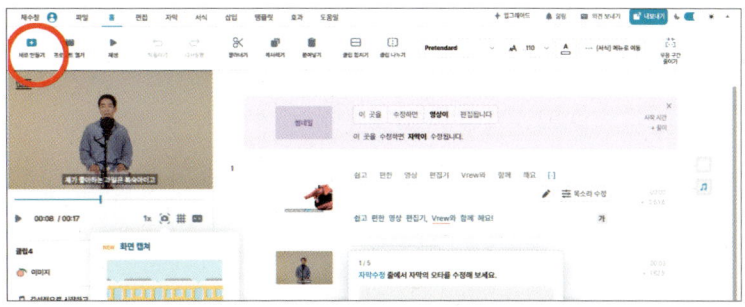

2️⃣ 새로 만들기에서 '텍스트로 비디오 만들기'를 누릅니다.

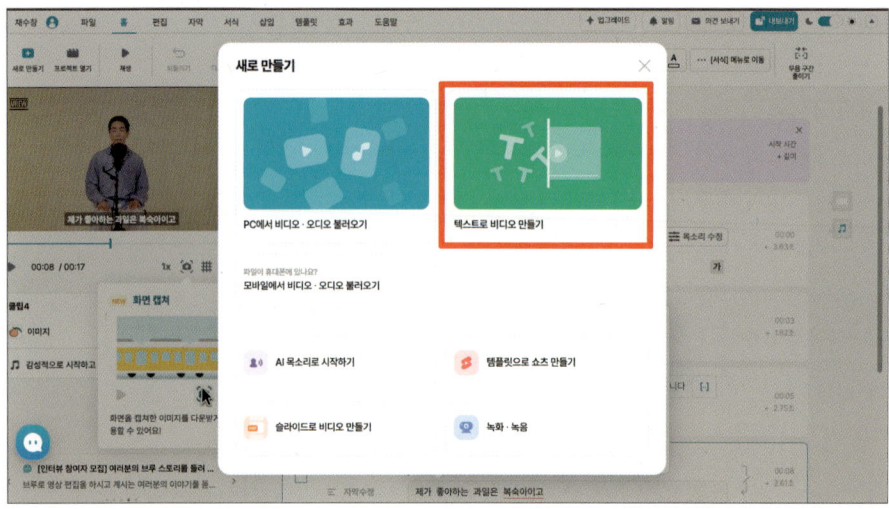

3️⃣ 영상 비율을 설정(쇼츠 9:16)하고, 비디오 스타일을 고릅니다. 정보 전달 Shorts라서 '뉴스 속보 영상 스타일'을 선택했습니다.

 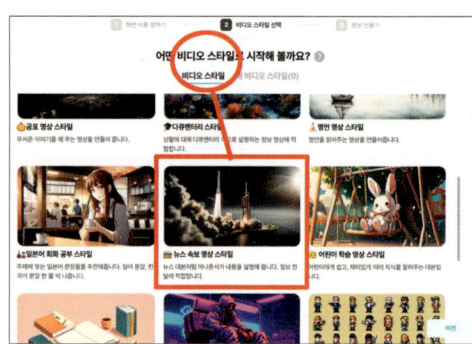

4 Chat GPT로 만든 제목(1)과 대본(2)을 복사해서 붙여 넣습니다. Vrew에서도 대본을 만들 수 있습니다(3). 무료 버전에서는 GPT-3.5 버전을 제공하고 유료 버전에서는 GPT-4.0을 제공합니다. 당연히 GPT-4.0이 더 좋은 대본을 작성해 줍니다.

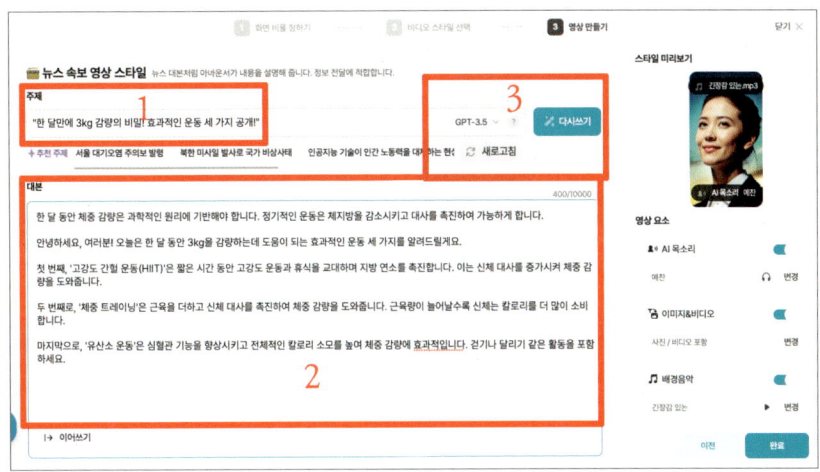

5 화면 우측에 있는 '영상 요소'에서 'AI 성우 목소리, 배경음악'을 선택할 수 있습니다. 정보전달 Shorts이므로 성우는 전문성을 지니고 다정한 목소리를 선택했습니다. 성우의 목소리 높이와 속도 등을 조절할 수 있습니다. 배경음악은 '활기찬'을 선택했습니다. '이미지&비디오'는 활성화 시켜야 사진과 영상을 Vrew가 자동으로 넣어줍니다.

6️⃣ Vrew가 영상을 만들고 있습니다. 영상이 완성되면 홈 화면에서 자동으로 '무음 구간 줄이기'(1)을 통해서 중간 무음 구간을 없애줍니다. 수동으로 선택해서(2) 줄일 수도 있습니다.

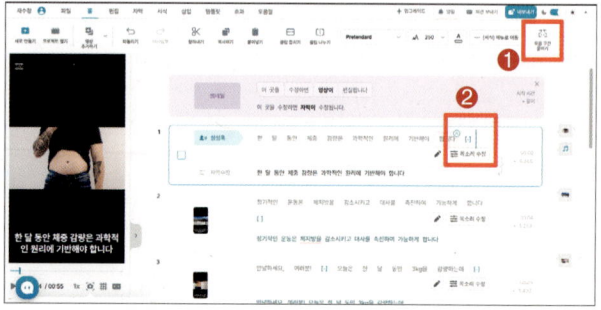

7️⃣ 영상에 삽입된 자막은, 폰트 종류나 크기, 색상을 변경할 수 있습니다. 내보내기를 누르면 이미 선택된 9:16 비율로 영상이 출력됩니다.

8️⃣ 출력된 영상에 보이는 워터마크(영상 좌측 상단 'VREW')는 무료 버전에서는 일시적으로 한 달간 지울 수 있으니, 사용해 보시고 구입여부를 결정하시기 바랍니다. 영상의 'VREW'에 우클릭을 하면 밑에 쓰레기통 표시가 나옵니다. 클릭해서 업그레이드 안내가 나오면 '다른 방법은 없나요?'를 클릭합니다. 나오는 안내대로 작성하고 제출하면 한 달간 워터마크 없이 사용 가능합니다.

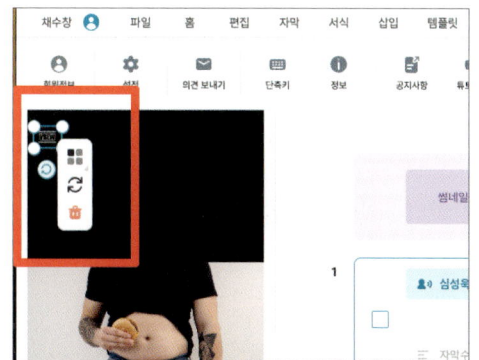 

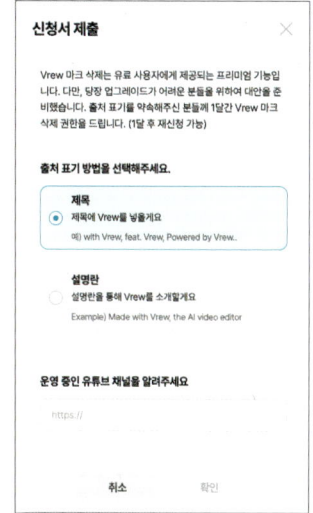

9 홈 화면에서 효과/배속을 선택해서 영상 속도를 빠르게 할 수도 있고,

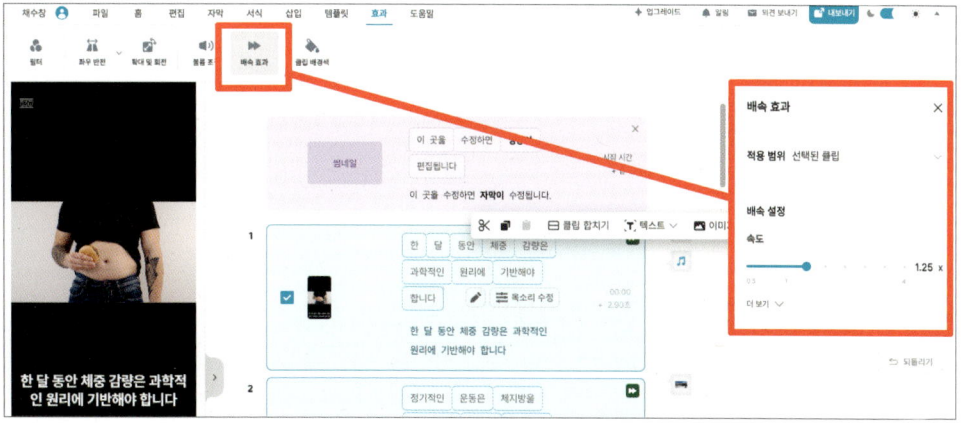

Part I _ 쇼츠, 새로운 트렌드 • 73

⑩ 템플릿을 변경해서 느낌의 변화를 줄 수 있습니다. 제목을 변경하고 내보내기를 합니다.
(Vrew Test 영상 1, 1-1 참조)

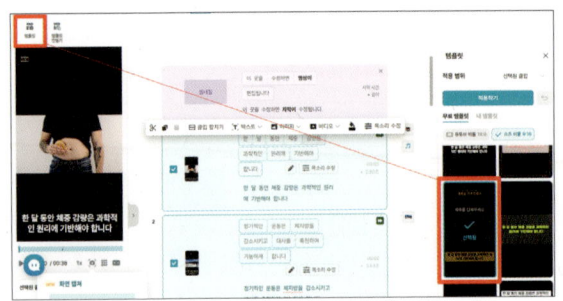 

뤼튼과 Fliki로 쇼츠 만들기

(1) 뤼튼으로 쇼츠대본 만들기

명령어는 Chat GPT와 동일하게 합니다. 뤼튼이 형성한 대본은 아래와 같습니다.

제목: "뚱뚱함, 안녕! 3kg 쏙~ 빼는 운동 3가지"

안녕하세요, 오늘은 한 달 만에 3kg을 신속하게 감량할 수 있는 운동 3가지를 소개하려 합니다. 깜짝 놀랄 만큼 효과적인 이 운동들, 바로 시작해봅시다!

첫 번째, 스쿼트입니다. 스쿼트는 하체 운동의 왕이라 불리우며, 대퇴근, 장딴지근, 둔근 등의 큰 근육 집단을 사용하기 때문에 칼로리 소모량이 매우 높습니다. 스쿼트는 시간당 약 500칼로리를 소모한다고 합니다.

두 번째, 플랭크입니다. 플랭크는 전신 근육을 동시에 사용하는 복합 운동으로, 특히 복부 지방 감소에 효과적입니다. 신체의 안정성을 유지하는 것이 중요하며, 이를 통해 핵심 근육을 강화하고 대사율을 높입니다.

마지막으로, 버피 테스트입니다. 버피는 전신 운동으로, 점프, 스쿼트, 푸시업 등 여러 움직임을 조합한 운동입니다. 한 번에 많은 근육을 사용하기 때문에, 칼로리 소모가 크며, 심장박동 수를 빠르게 올려 심폐 기능을 향상시킵니다.

(2) Fliki 설치 및 실행

1) 설치

1. Fliki 홈페이지(https://fliki.ai/)에 가서 '가입하기'를 눌러서 Google 아이디로 가입합니다.

2. '새로운 파일'을 누르면 팝업 창이 나옵니다. 영어 번역이라 어색한 부분이 있습니다(번역 없이 그냥 사용하셔도 됩니다). 파일 형식은 '동영상', 파일 이름을 정하고, 비율은 9:16을 설정합니다. 자동으로 영상을 만들어주는 '매직 크리에이터'가 나옵니다. 아이디어 프롬프트에 만들려는 Shorts 제목을 넣고, 지속시간은 1분(60초), 스톡미디어를 선택하고 영상을 만듭니다.

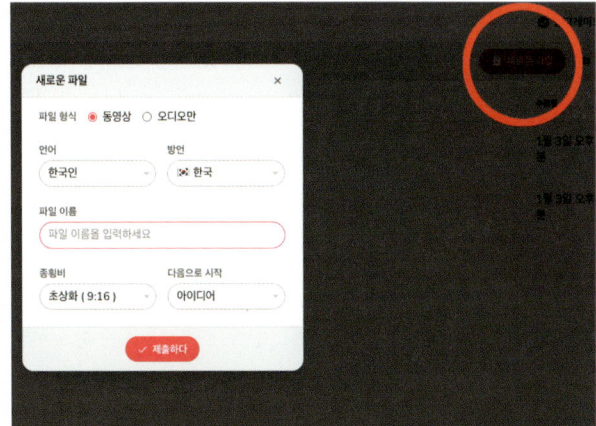

③ 뤼튼에서 만든 대본을 넣지 않았는데도, Fliki가 알아서 대본❶과 영상을 만들어 줍니다. 우측에 있는 설정❷을 눌러서, 장면과 장면 사이의 간격을 늘리거나 줄일 수 있습니다. 장면전환 효과도 자동으로 설정 가능합니다.

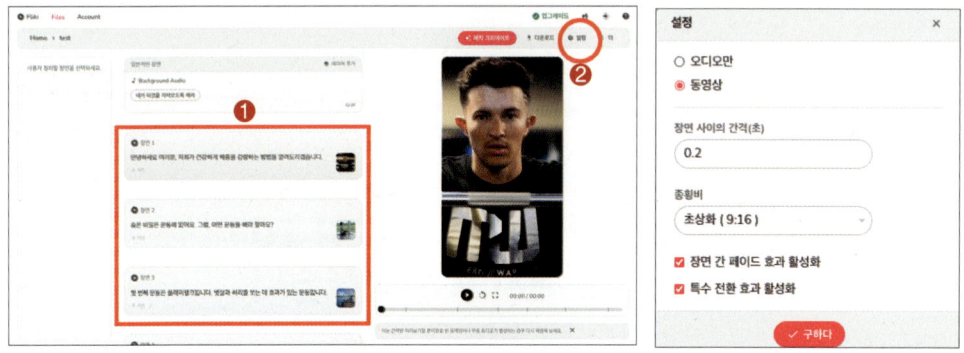

④ 뤼튼에서 만든 대본을 사용하기 위해서, 대본이 있는 부분을 마우스로 두 번 클릭❶하면 대본을 설정하는 창이 활성화 됩니다. 속도와 자막의 위치, 폰트, 크기, 색상 등을 조절할 수 있습니다. 뤼튼에서 만든 대본을 복사해서 붙여넣기 합니다. 성우는, 성우 이름을 눌러서❷ 나오는 성우 중에 음성을 들어 보고 변경 가능합니다.

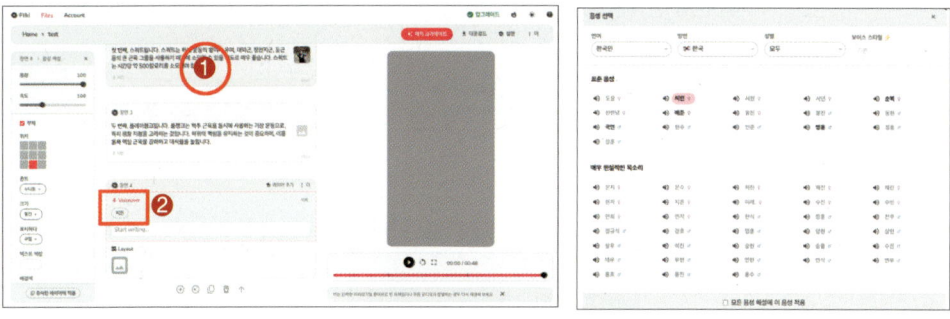

⑤ 처음 장면 편집이 완료됐으면, 다음 장면 추가는 장면 편집란 아래에 있는 '장면추가 (⊕)'를 눌러서 추가합니다. 영상 전체 편집이 완료되면 다운로드(❷)를 눌러 영상을 출력합니다.

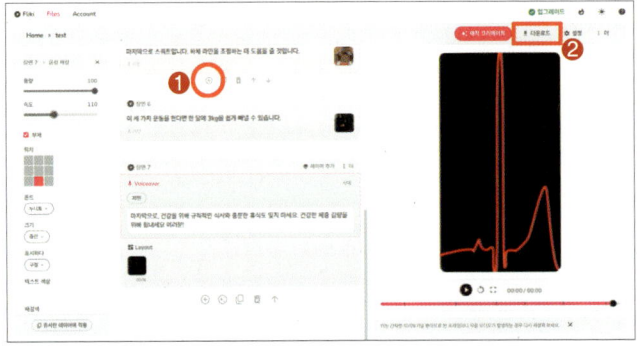 

6 출력된 영상을 살펴보면(첨부 Fliki Test 파일), 대본과 영상이 어색한 부분이 보입니다. 영상에서 플랭크와 버피 테스트에 대해 설명하는데 전혀 관계없는 영상이 들어가 있습니다. 이것을 수정하기 위해 다시 편집 모드로 들어와서 대본 밑에 있는 'Layout'을 눌러 영상이나 이미지를 변경합니다. Fliki에서 제공하는 '스톡 라이브러리'에 있는 플랭크 영상들은 전부 유료 버전이므로,

 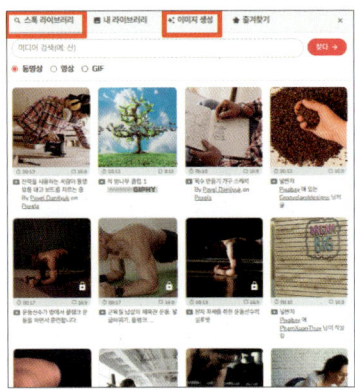

이미지를 생성하거나, 아니면 내가 무료 영상 사이트에서 다운로드 받은 소스를 사용해야합니다. Fliki는 무료로 사용할 수 있는 시간이 하루에 5분이므로 제대로 사용하자면 유료 결제를 해야 합니다.

Shorts 영상을 만들기 위한 인공지능 활용은 창의성이 떨어지고, 정확도에서 오류가 있을 수 있다고 말씀드렸습니다. YouTube 측에서도 자동으로 만들어진 Shorts 영상에 대해 어떤 식으로든 제재를 가하려고 하고 있습니다. 사용하시는데 많은 주의를 필요로 합니다.

02-3
쇼츠에 내 채널 롱폼 영상으로 바로 가는 기능 넣기

쇼츠에 내 채널 롱폼 영상으로 바로 가는 기능 넣기

Shorts가 정보제공이나 Shorts 자체 목적으로도 만들어지지만, Shorts 영상을 통해서 내 채널이나 롱폼 영상을 시청하게 만드는 목적으로 사용되기도 합니다. 제목이나 댓글에 링크를 넣는 방법을, YouTube에서는 2023년 8월부터 설명란과 댓글 링크를 사용할 수 없게 만들었습니다. 스팸이나 사기성 링크 등을 방지하기 위한 목적입니다. 하지만 다른 방법으로 Shorts에 Full 영상이나 롱폼 영상으로 가는 링크를 넣는 방법을 알아보도록 하겠습니다.

1 내 채널 YouTube Studio에 들어갑니다. 왼쪽 메뉴에서 '콘텐츠'를 누르면 내 채널에 있는 롱폼 동영상과 Shorts 등이 보입니다.

2 Shorts 제목을 클릭하고 들어갑니다. 동영상 세부정보가 나오고 우측 아래쪽에 '관련 동영상'이란 항목이 보입니다.

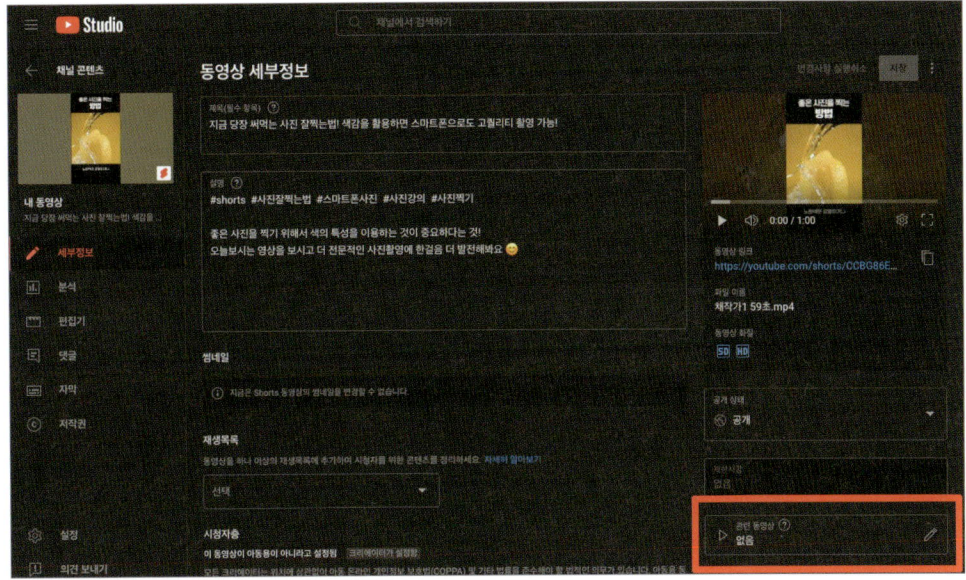

3 지금은 링크 걸린 주소가 없어서 '없음'으로 나옵니다. '관련 동영상/없음' 부분을 눌러 주시면, '일회성 인증 필요'가 나옵니다. 안내대로 인증하시면 됩니다.

 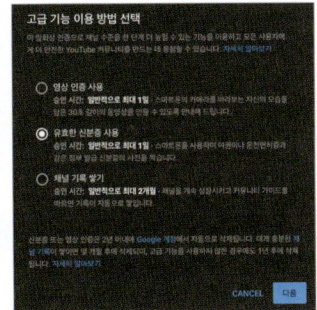 

4 24시간 후에 인증이 완료되고 나면 이제 '없음'란을 다시 클릭합니다. 팝업창으로 내가 올렸던 동영상들 검색이 가능하고 영상을 직접 선택하실 수 있습니다. 원하는 롱폼 영상을 클릭해서 선택을 하고나면, 관련 동영상에 선택했던 영상 제목이 보입니다. 이때

주의할 점은, 링크를 거는 동영상이 '공개' 또는 '일부 공개' 상태여야 하고, Shorts 동영상과 같은 채널에 있어야 합니다. 우측 상단의 '저장'을 눌러주시면 끝입니다.

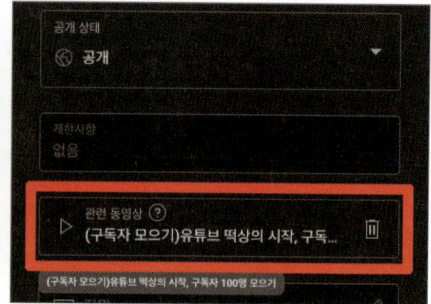

5️⃣ Shorts 영상을 눌러 링크가 잘 연결되었는지 확인해 봅니다. Shorts 플레이어에서 지금 빨간 박스로 처리되어 있는 부분을 클릭하시면 저장한 롱폼 영상으로 연결이 됩니다. 시청자들에게 롱폼 영상은 여기로 연결된다고, 자막으로 알려주시든지, 영상 내에서 말씀 하시든지 꼭 알려주셔야 됩니다.

유튜브 채널에 눈에 띄는 외부 링크 추가하기

내 YouTube 채널 홈 프로필에 웹사이트나 SNS, 제품 판매 사이트 등의 외부 링크를 추가해서, 내 채널을 방문한 시청자가 쉽게 찾을 수 있도록 만들 수 있습니다(붉은색 박스 부분). 연결할 수 있는 링크는 최대 14개까지 가능하며, 당연히 모든 링크는 YouTube 커뮤니티 가이드를 준수해야 합니다.

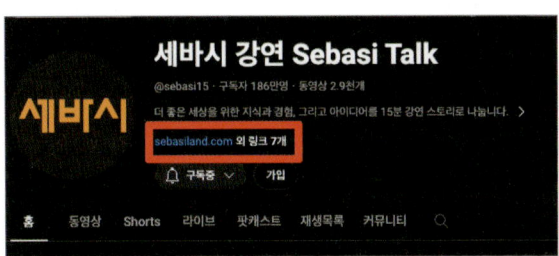

1️⃣ 링크를 하고 싶으면 YouTube Studio로 들어갑니다. 왼쪽 메뉴에서 '맞춤설정(1)'으로 들어간 다음 '기본 정보(2)'를 누릅니다. 화면을 아래로 스크롤 하면 '링크(3)'가 나옵니다. 링크를 하려는 사이트의 제목과 주소(Url)을 입력한 다음, 내가 가장 먼저 노출하고 싶은 것부터 링크를 추가합니다. 링크 추가는 밑에 파란색으로 있는 '+ 링크 추가'를 눌러서 하면 됩니다. 링크를 삭제하고 싶으면, 링크 제목 옆에 있는 두 줄(=)을 클릭하시면 우측에 휴지통이 나옵니다. 휴지통을 누르면 링크가 삭제됩니다. 링크가 완료됐으면 우측 상단의 게시를 누르면 됩니다.

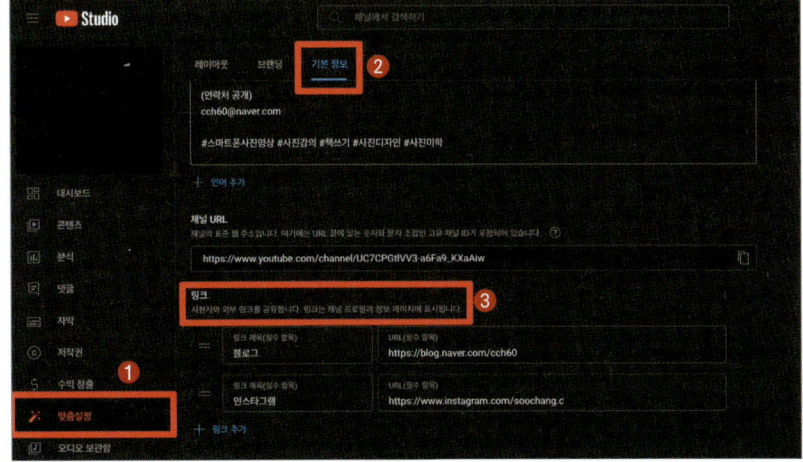

02-4
숏폼 플랫폼에 영상 제대로 올리는 방법

PC에서 Shorts(쇼츠) 동영상 올리기

1 YouTube Studio에 로그인 합니다. 우측 상단에 있는 '만들기/동영상 업로드'를 선택합니다. 가로 세로 비율이 9:16, 정사각형이고 최대 길이가 60초인 영상을 선택합니다. 제목이나 설명에 '#Shorts'를 포함하면 YouTube에서 내 Shorts 동영상이 추천되는 데 도움이 됩니다.

 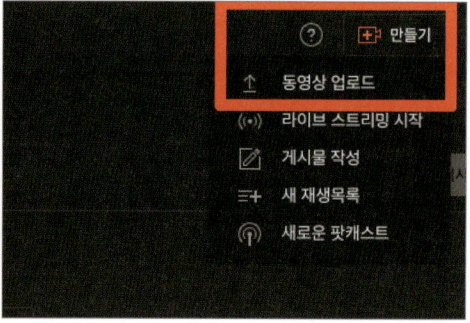

2 세부 정보란이 나오면, 제목을 쓰고 제목 뒤에는 '#Shorts'를 붙입니다. 해시태그는 YouTube에서 영상을 분석해서 '추천 해시태그'를 보여줍니다. 추천 해시태그를 전부 사용해도 되고, 태그에서 따로 설정해도 됩니다. Shorts는 설명란을 굳이 쓰지 않아도 되지만, 판매를 위한 Shorts거나 유료 광고를 포함하고 있다면 설명란에 써주는 것이 좋습니다. 썸네일은 현재 스마트폰에서만 사용 가능합니다. 시청자층은 '아동용이 아닙니다'로 설정해야 합니다.

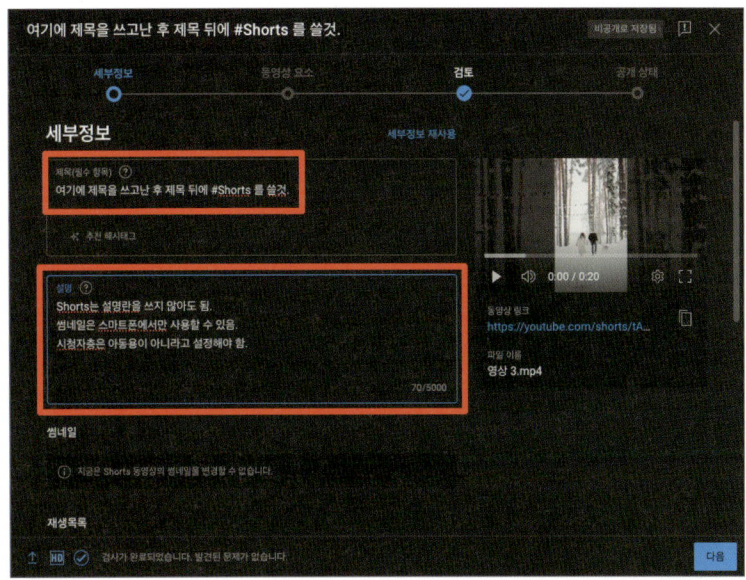

3 다음 단계로 넘어가면 1-7에서 배웠던 '관련 동영상' 링크 거는 항목이 나옵니다. 내 채널에 있는 롱폼 영상이나 다른 Shorts 영상으로 연결을 합니다. Shorts 영상에 음성이 있는 경우 '자막 추가'로 시선을 집중시킬 수 있습니다. '저작권'에 이상이 없으면 동영상 게시가 가능합니다.

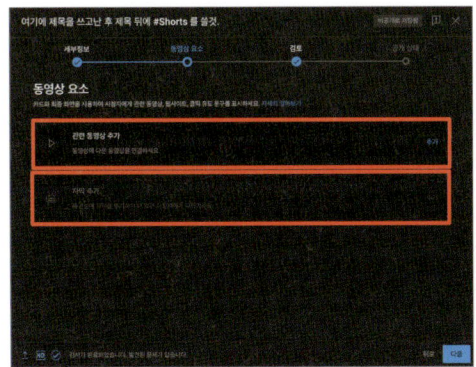
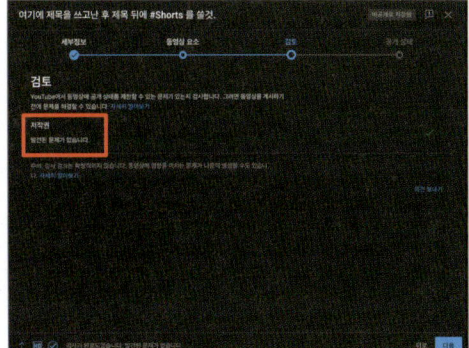

4 최종 단계에서 공개 상태를 '공개'로 설정하고(1) 예약시간을 지정할 수 있습니다. 우측 Shorts 플레이어를 보면 제목 아래에 '관련 동영상'이 링크되어 있는 것(2)이 보입니다. 모든 것이 완료되면 우측 하단에 있는 '게시'를 눌러 Shorts 동영상을 게시합니다.

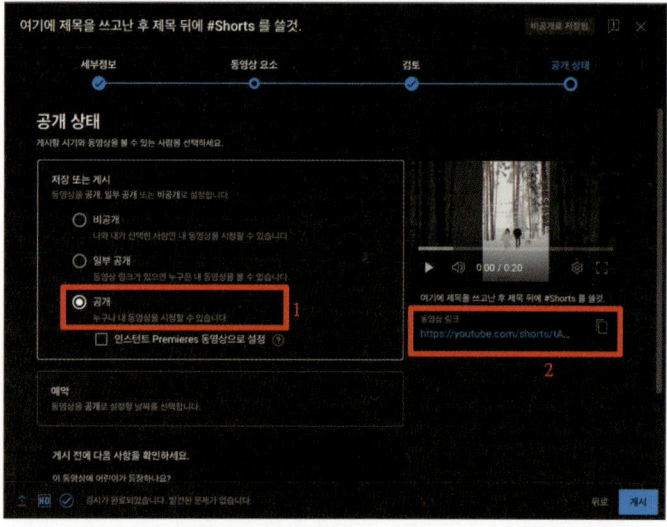

(1) 동영상에 대한 세부 정보 항목별 설명

항목	설명
제목	동영상의 제목입니다
설명	동영상 아래에 표시되는 정보입니다. 동영상 출처 표시는 [채널이름] [동영상제목] [동영상ID] 형식을 사용합니다. 동영상을 수정한 경우 '수정' 또는 '수정사항'을 추가한 다음 타임스탬프 및 수정한 내용에 대한 설명을 추가합니다. 이 섹션은 동영상 챕터 뒤에 표시됩니다. 설명에 서식이 지정된 텍스트를 사용하려면 다음 형식을 사용합니다. • 텍스트 굵게 표시 *예시* • 기울임꼴 텍스트 _예시_ • 취소선 텍스트 -예시- 참고 : 채널에 활성 상태의 경고가 있거나 일부 시청자에게 부적절한 콘텐츠가 포함되어 있는 경우에는 수정 기능이 제공되지 않습니다.
섬네일	시청자가 동영상을 클릭하기 전에 보는 이미지입니다.
재생목록	동영상을 기존 재생 목록에 추가하거나 재생목록을 만듭니다.
시청자층	아동 온라인 개인 정보 보호법을 준수하기 위해서는 동영상이 아동용인지 여부를 크리에이터가 지정해야 합니다.
연령제한	일부 시청자에게 적합하지 않을 수 있는 연령 제한 동영상 표시입니다.
관련동영상	Shorts 플레이어에서 클릭 가능한 링크로 연결되는 내 채널의 동영상입니다. 시청자를 내 Shorts 동영상에서 내 채널의 다른 YouTube 콘텐츠로 연결할 수 있습니다. 고급 기능 액세스를 통해 내 채널의 다른 동영상 링크를 포함하도록 Shorts 동영상을 수정할 수 있습니다. 동영상, Shorts 동영상, 라이브 콘텐츠를 연결할 수 있습니다. 참고 : 선택한 동영상은 공개 또는 일부 공개 상태여야 하며 YouTube 커뮤니티 가이드를 위반하지 않아야 합니다.

스마트폰에서 Shorts(쇼츠) 동영상 올리기

1 스마트폰에서 YouTube 앱을 엽니다. 중간에 있는 '만들기(+)/추가'를 누릅니다(사진 1). 갤러리에서 60초 이내 길이의 세로 방향 영상을 선택합니다(사진 2). 동영상 길이에 맞춰 자르기 편집기가 표시됩니다. 막대의 양 측면을 드래그해서 동영상의 시작 및 종료 시간을 조정합니다(사진 3).

사진 1 사진 2 사진 3

2 우측 아래에 있는 다음을 탭해서 영상 편집기 화면으로 이동합니다. 상단에 있는 '사운드 추가'로 음악을 추가할 수 있습니다(사진 4,5). 우측에 있는 메뉴를 누르면 속도, 필터, 보정 등 메뉴를 사용할 수 있습니다(사진 6,7). 다음을 누르면 영상이 보이면서, 이 단계에서도 사운드, 텍스트, 자르기, 음성해설, 타임라인을 설정할 수 있습니다(사진 8). 다음을 탭해서 제목(영문 기준 최대 100자) 및 관련 동영상, 공개 범위 설정 등의 세부 정보를 동영상에 추가합니다. 업로드를 탭해서 Shorts 동영상을 게시합니다(사진 9).

사진 4 사진 5 사진 6

사진 7 사진 8 사진 9

Reels(릴스), TikTok(틱톡)에 영상 올리는 방법

(1) Instagram Reels(인스타그램 릴스)에 숏폼 영상 올리기

1️⃣ 인스타그램 앱을 실행하면 〈사진 1〉 화면이 나옵니다. 아래쪽 숫자 1을 누르면 내 프로필이 보이는데, 우측 위에 있는 '▦'를 누르면 만들기가 나옵니다(사진 2).

2️⃣ 만들기에서 '릴스'를 선택하면 인스타그램 카메라로 영상을 촬영하거나, 갤러리에 있는 영상, 클립 허브, 미리 제공되는 템플릿으로 Reels를 만들 수 있습니다(사진 4, 5, 6).

3️⃣ 〈사진 1〉의 숫자 2처럼 화면을 오른쪽으로 쓸어 넘기면 바로 촬영할 수 있는 인스타그램 카메라가 나옵니다(사진 3).

사진 1

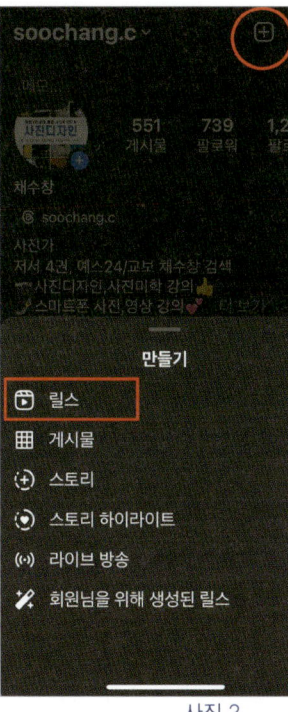
사진 2

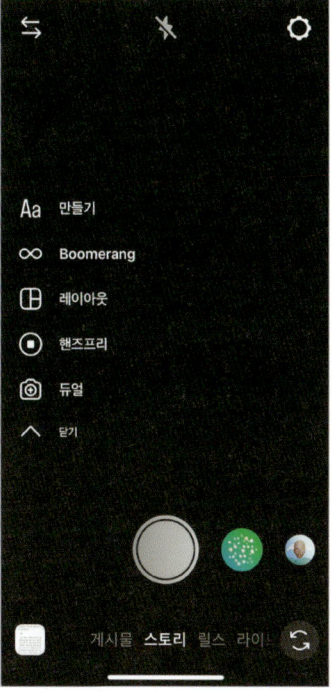
사진 3

사진 4

사진 5

사진 6

4 두 가지 방법 중 한 가지를 선택해서 카메라를 실행합니다.

5 셔터 버튼(숫자 1)에 있는 것들은 사용자들이 만든 필터입니다. 오른쪽으로 스크롤하면 다양한 필터들이 보입니다. 아래에 있는 이름을 클릭하고 들어가면 필터가 적용된 예와 정보들이 보입니다. 원하는 필터를 선택해서 영상에 적용할 수 있습니다.

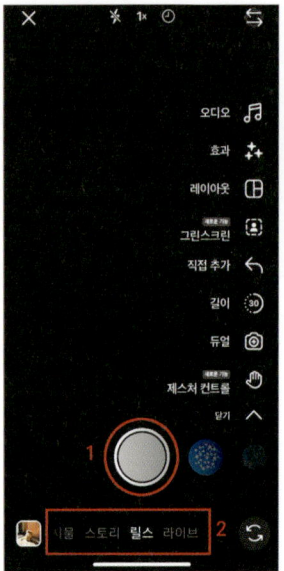
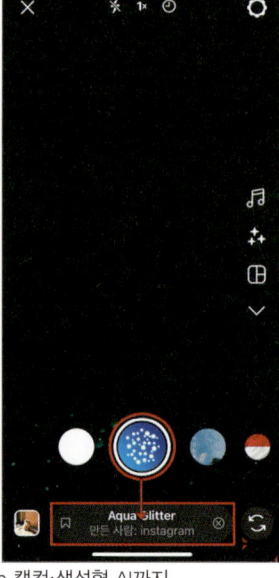

1) 카메라 메뉴 설명

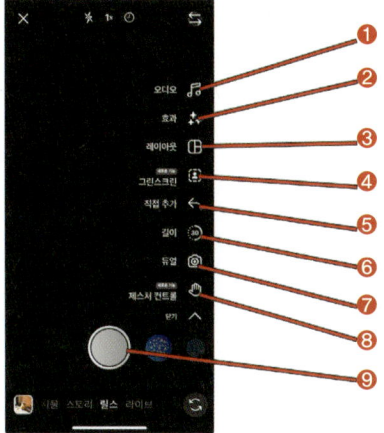

❶ 오디오 : 사운드 및 음향 효과를 추가하는 메뉴
❷ 효과 : 촬영 버튼 옆에 있는 필터를 한 눈에 볼 수 있는 메뉴
❸ 레이아웃 : 레이아웃을 누르면 그리드 변경과 크기조절이 나옵니다. 그리드 변경은 화면을 2, 3, 4, 6분할 합니다. 영상을 분할해서 한 화면에 동시에 보여줄 때 사용합니다.
❹ 그린스크린 : 동영상을 촬영할 때 배경으로 사용하는 스크린입니다.
❺ 직접 추가 : 콜라보 게시물의 스티커 페이지에 올린 Reels가 추가됩니다.
❻ 길이 : Reels는 15, 30, 60, 90초의 영상 길이를 제공합니다.
❼ 듀얼 : 전면 카메라와 후면 카메라를 사용해서 동시에 영상을 촬영할 수 있습니다. 정보를 제공하거나 강의, PPT, 안내 등의 영상에 좋습니다.
❽ 제스처 컨트롤 : 정해진 제스처에 따라 촬영이 시작되고 멈춥니다.
❾ 녹화 시작/정지 버튼

⑥ 녹화 시작 버튼을 누르고 영상 윗부분에 나타나는 붉은 선(녹화 시간)을 보면서 촬영합니다. 촬영 후 바로 오디오와 속도를 조절할 수 있고, 편집 메뉴에서 조절할 수도 있습니다.

⑦ 촬영이 완료되면 오른쪽 윗부분의 화살표(→)를 눌러 편집을 시작합니다. 편집 메뉴는 수정, 클립 추가, 오디오 추가, 텍스트, 스티커, 캡션, 보이스 오버, 볼륨, 필터 등 다양한 메뉴를 제공합니다(모든 동영상 편집 메뉴는 거의 비슷하므로 자세한 설명은 Shorts 메뉴로 대신합니다).

8️⃣ 다른 사람이 릴스를 다운로드하고 공유할 수 있다고 안내가 나옵니다. 계속 밑에 있는 '설정 관리'를 누르면 〈사진 2〉와 같은 설정을 할 수 있습니다.

9️⃣ 미리보기로 촬영과 편집이 잘 됐는지 확인하고, '커버 편집'으로 썸네일을 만듭니다.

🔟 문구나 해시태그(#)를 작성하고, 공개 대상, 위치, Facebook에 공유 등을 설정합니다.

1️⃣1️⃣ 릴스 정보 화면이 나오면 이제 마지막 단계입니다. '공유'를 누르면 내 인스타그램 계정에 Reela가 업로드됩니다.

 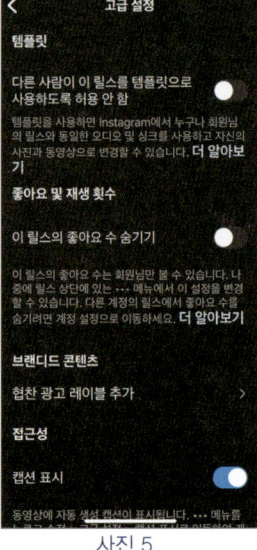 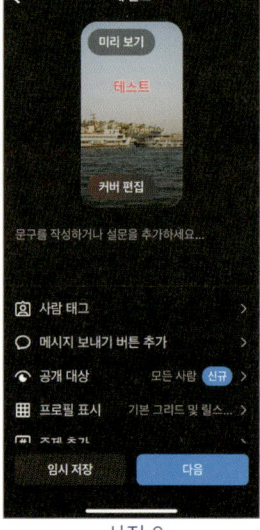

사진 4   사진 5   사진 6

(2) TikTok(틱톡)에 숏폼 영상 올리기

1️⃣ TikTok 앱을 켜면 바로 숏폼 영상이 나옵니다. 아래 메뉴 중 가운데 있는 '▦'를 누르면 영상을 촬영하거나 갤러리에 있는 영상으로 편집할 수 있는 카메라가 나옵니다.

2️⃣ 카메라 메뉴 : 숫자 1은 카메라 방향 전환, 2는 플래시 온/오프, 3번은 전면 카메라와 후면 카메라가 동시 사용 가능한 PIP 기능, 4번은 촬영 화면을 확장하거나 줄이기, 5번은 얼굴 보정과 메이크업 기능입니다.

- 녹화 시작/정지 버튼을 눌러 동영상은 15초, 60초, 최대 10분까지 촬영 가능합니다. 사진은 사진 촬영이고, 텍스트는 제목이나 글자, 자막 편집입니다.
- 편집 효과는 이미 만들어진 필터 효과, 업로드는 내 갤러리에 있는 동영상이나 사진으로 영상을 만드는 것입니다.

 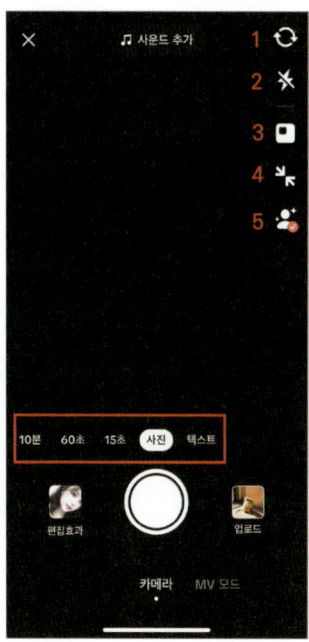 

3️⃣ 카메라로 촬영이 완료됐거나, 갤러리에 있는 영상을 불러오면 〈사진 1〉과 같은 화면이 나옵니다. 화면 구성을 살펴보겠습니다.

- 화면 윗부분의 음악을 누르면, 음악을 검색하고 고를 수 있는 '오리지널 사운드'입니다(사진 2).
- 우측 메뉴 제일 위에 있는 톱니바퀴(설정)를 누르면, 게시물을 볼 수 있는 사람과 댓글 허용, 게시물 공개 등을 설정할 수 있습니다(사진 3).

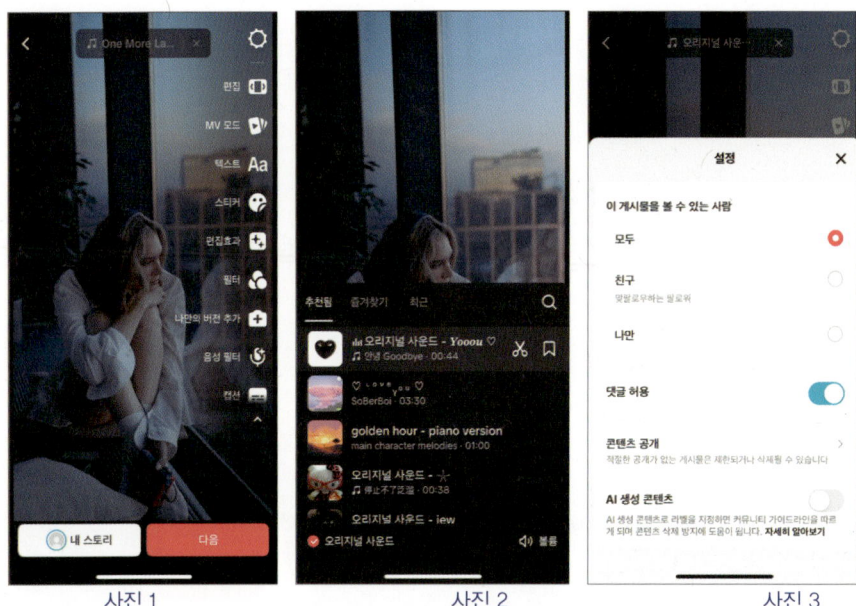

　　　사진 1　　　　　　　사진 2　　　　　　　사진 3

- 편집을 눌러 동영상을 편집합니다. 텍스트는 글자, 스티커는 스티커와 이모티콘을 사용할 수 있습니다.
- 편집효과는 이미 만들어진 여러 가지 필터를 사용해서 영상에 재미를 더합니다.
- 음성 필터, 캡션 등 편집이 완료되면 맨 아래쪽 '저장'을 눌러 갤러리에 저장합니다.

- '다음'을 누르면 '친구의 게시물 보기' 안내글이 나옵니다. 확인을 눌러 다음으로 넘어갑니다. 게시에 대한 세부 설정 창이 나옵니다. 문구와 해시태그, 위치, 인스타그램이나 페이스북에 공유 등을 설정하고 '게시'를 누릅니다.
- 영상이 게시된 후에도, 영상 우측 아래에 있는 '점 세 개'를 눌러 동영상 저장, 상단 고정, 캡션, 이어 붙이기, 스티커 만들기, 재생 속도 등을 조절할 수 있습니다.

쇼츠 동영상 만드는 방법

(1) 쇼츠 동영상 만들기

1 스마트폰에서 YouTube 앱에 로그인 합니다. 아래에 있는 메뉴 중에서 '만들기(+)'를 눌러 Shorts 동영상 만들기를 선택합니다(사진 1). 또는 Shorts 보기 페이지에서 '리믹스'를 눌러 현재 보고 있는 Shorts 동영상에 사용된 사운드를 사용하거나, 동영상을 사용할 수 있습니다(사진 2). 사운드를 사용하기로 선택하니 시간이 28초로 설정됩니다 (사진 3,4). 영상을 최대 60초까지 만들 수 있지만, 15초를 넘길 경우 '사운드 보관함'에 있는 음악은 사용할 수 없습니다.

사진 1　　　　　　　사진 2　　　　　　　사진 3

2️⃣ 영상 클립을 녹화하려면, 아래 중간에 있는 '녹화버튼(●)'을 눌러 녹화를 시작하고 다시 한 번 눌러서 녹화를 중지합니다. 녹화 영상 길이는 상단에 있는 붉은 색 타이머 게이지가 차오르는 것이 보입니다(사진 5).

3️⃣ 방금 녹화한 동영상 클립을 삭제하려면 '실행 취소(↶)'를 누르고, 다시 추가하려면 '재실행(↷)'을 누릅니다(사진 5). 나중에 재편집하거나 다른 클립과 합치기 위해 좌측 상단에 있는 'ⓧ'를 누르면 '초안으로 저장'을 하거나, '다시 시작' 또는 녹화를 완료합니다(사진 6). '완료(✓)'늘 눌러 동영상을 미리 보고 보정합니다. 이후는 동영상 업로드 단계와 동일합니다.

사진 4

사진 5

사진 6

4 동영상을 업로드 하기 전에 Shorts 동영상에서 썸네일로 사용할 프레임을 선택할 수 있습니다. 동영상을 업로드 한 후에는 썸네일을 선택할 수 없습니다. 현재 썸네일은 스마트폰에서만 사용 가능합니다. Shorts 동영상 썸네일을 선택하는 방법은 아래와 같습니다.

- Shorts 카메라로 동영상을 녹화하거나 가져옵니다.
- 최종 업로드 화면에서 '동영상 썸네일 수정(사진 7)'을 탭합니다.
- 프레임을 선택한 후 우측 하단의 '완료(사진 8)'를 탭합니다.

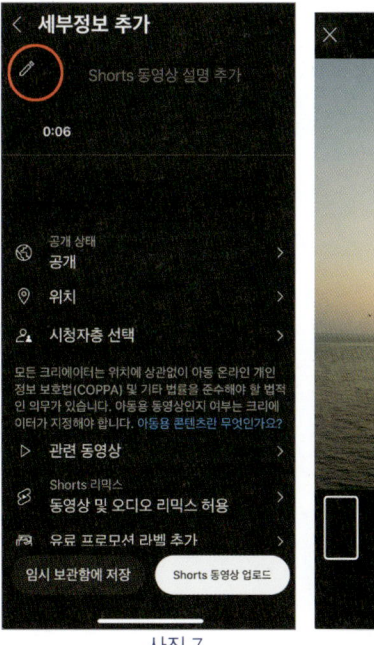
사진 7

사진 8

Part I _ 쇼츠, 새로운 트렌드 · 95

1) 저작권 걱정 없이 최신음악 사용하는 방법

1 스마트폰에서 YouTube 앱에 로그인 합니다. 아래에 있는 메뉴 중에서 '만들기(+)'를 눌러 Shorts 동영상 만들기를 선택합니다. 위쪽의 '사운드 추가'를 누릅니다(사진 1). 추천이나 인기 사운드에서 선택해도 되고, 검색을 활용해서 원하는 곡을 찾을 수 있습니다(사진 2). 저는 악동뮤지션의 음악을 검색했습니다. 사용가능한 곡들이 목록으로 보입니다(사진 3).

사진 1   사진 2   사진 3

사진 4   사진 5   사진 6

2 원하는 곡을 선택하면 곡 옆에 파란 화살표가 생성됩니다(사진 4). 화살표를 누르면 사운드 길이와 사운드 중에서 내가 원하는 구간을 선택할 수 있습니다(사진 5). 선택이 끝나면 완료를 누르면 다음 단계로 넘어갑니다(사진 6).

3 Shorts에서 저작권 걱정 없이 음악을 사용하시려면, 스마트폰에서 '사운드 추가'를 통해 음원을 골라서 사용한다면 아무런 문제가 없습니다. Shorts에서 제공하는 음원을 YouTube 앱 상에서 추가하지 않고, 따로 다운받아서 사용한다면 '저작권 침해' 표시가 뜨면서 음원 수익이 원 저작자에게 갑니다. 외부 음원을 사용하려고 하면 '저작권 문제가 없음'을 공식적으로 인증 받은 음악을 사용하면 됩니다.

(2) 동영상으로 쇼츠 동영상 만들기

1 스마트폰에서 YouTube 앱에 로그인 합니다. 아래에 있는 메뉴 중에서 '만들기(+)'를 눌러 Shorts 동영상 만들기를 선택합니다(사진 1). 아래 메뉴에서 Shorts 왼쪽에 있는 '동영상'을 눌러서 스마트폰 갤러리에 있는 동영상을 선택합니다(사진 2). 세로 방향의 60초 이내라는 제한 조건이 있지만, 길이는 조절 가능하기 때문에 상관없습니다. 동영상 길이를 조절합니다(사진 3).

사진 1

사진 2

사진 3

사진 4

2 다음에 나오는 아래 메뉴에서 '사운드'를 선택합니다(임의로 댄스트렌드를 선택했습니다, (사진 4, 5). 선택한 음원 옆에 있는 파란 화살표를 눌러서 음원에서 원하는 구간을 선택합니다(사진 6). 다시 아래 메뉴에서 '볼륨'을 눌러서, 동영상에 있는 음원을 살릴 것인지 아니면 음소거를 할 것인지 결정합니다. 사용한 음원의 음량도 조절할 수 있습니다(사진 8).

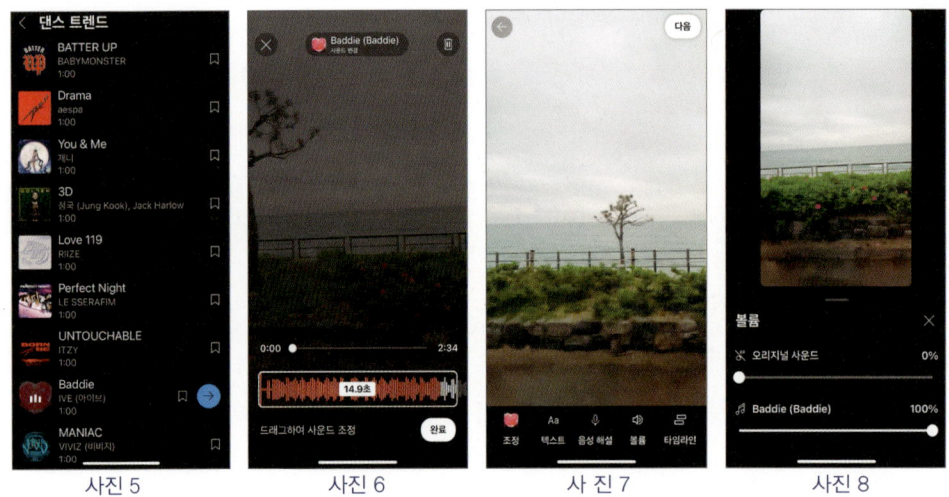

사진 5   사진 6   사 진 7   사진 8

3 내 채널에 있는 롱폼 동영상에서 하이라이트로 Shorts 동영상을 만들려면, 먼저 롱폼 동영상을 내 PC나 스마트폰으로 다운받아야 합니다.

02-5
유튜브 쇼츠 저작권 허용 범위

유튜브 저작권

저작권이란 창작물을 만든 저작자가 자기 저작물에 대해 가지는 배타적인 법적 권리입니다. 물건에 대한 권리처럼 저작자가 만들어 낸 표현에 대해 가지는 권리입니다. 이런 결과물을 '저작물'이라고 하며, 저작권 소유자는 타인에게 저작물의 이용을 허락할 수 있습니다.

크리에이터는 자신이 제작했거나 사용 승인을 받은 동영상만 업로드 해야 합니다. 자신이 제작하지 않은 동영상을 업로드하거나 다른 사람이 저작권을 소유한 콘텐츠(음악 트랙, 저작권이 보호되는 프로그램의 일부, 다른 사용자가 만든 동영상)를 승인 없이 동영상에 사용하면 안 됩니다.

유튜브 저작권의 핵심, Content ID

YouTube 저작권의 핵심은 업로드된 콘텐츠에서 '저작권 침해를 신속하고 효과적으로 적발하는 것'입니다. 이를 위해서 YouTube는 Content ID라는 자동 콘텐츠 식별 시스템을 이용하고 있습니다. Content ID는 저작권 소유자가 자신의 저작권 보호 콘텐츠를 YouTube 에 등록하여, 해당 콘텐츠가 YouTube 에 업로드된 동영상에 포함되어 있는지 자동으로 검색하는 시스템입니다. Content ID는 음성, 영상, 이미지 등 다양한 형태의 콘텐츠를 검색할 수 있으며, 검색 정확도는 99.9%에 달합니다.

Content ID는 저작권 침해를 적발하고 저작권 보호를 강화하는 데 있어 매우 효과적인 시스템입니다. YouTube는 Content ID를 통해 저작권 소유자의 권리를 보호하고, 저작권 침해를 예방하는 데 앞장서고 있습니다. Content ID를 사용하면 저작권 소유자는 자신의 저작권 콘텐츠가 YouTub에 업로드 된 경우 즉시 이를 알 수 있습니다. Content ID는 저작권 소유자에게 아래와 같은 혜택을 제공합니다.

- 저작권 침해 콘텐츠를 신속하게 식별하고 대응할 수 있습니다.
- 저작권 침해로 인한 수익을 보호할 수 있습니다.
- 저작권 보호 콘텐츠를 보다 효과적으로 홍보할 수 있습니다.

또한, 저작권 소유자는 Content ID를 통해 자신의 저작권 콘텐츠가 포함된 동영상에 대한 아래와 같은 다양한 권리를 행사할 수 있습니다.

- 저작권 침해를 한 동영상 재생 중단 및 삭제
- 저작권 침해를 한 동영상 수익을 저작권 소유자와 공유
- 저작권 침해를 한 동영상에 광고 추가로 저작권 소유자에게 수익 제공
- 저작권 침해를 한 동영상에 저작권 표시 추가

Content ID 소유권 주장에 대해 동의하지 않는 경우, 동영상 업로더는 이의 제기를 할 수 있습니다. 이의 제기가 받아들여지면 Content ID 소유권 주장이 해제됩니다. Content ID 는 YouTube의 저작권 보호 정책의 핵심 요소입니다. Content ID를 통해 저작권 소유자는 자신의 저작물을 보다 효과적으로 보호하고 관리할 수 있습니다.

소유권 주장과 경고의 차이

YouTube 저작권에서 소유권 주장과 경고는 저작권 보호를 위한 두 가지 주요 조치입니다. 소유권 주장은 저작권 소유자가 YouTube에 자신의 저작물에 대한 소유권을 등록한 후, YouTube에 업로드된 동영상에서 해당 저작물이 사용되고 있는지 자동으로 식별하여 해당 동영상에 대한 권리를 행사하는 것입니다. 즉, 저작권 소유자가 자신의 저작물이 YouTube에 업로드된 동영상에 포함되어 있다는 사실을 YouTube에 알리는 것입니다. 소

유권 주장은 저작권 침해를 의미하지는 않습니다. 저작권 소유자가 자신의 저작물을 합법적으로 사용한 동영상에 대해서도 소유권 주장을 제기할 수 있습니다.

경고는 저작권 소유자가 자신의 저작물이 YouTube에 업로드된 동영상에 무단으로 사용되었다고 판단하여, 동영상 업로더에게 저작권 침해를 알리는 것입니다. 경고를 받게 되면 동영상 업로더는 저작권 침해 사실을 시정해야 하며, 경고를 3회 받게 되면 채널이 삭제될 수 있습니다.

항목	소유권 주장	경고
의미	저작권 소유자가 자신의 저작물이 동영상에 포함되어 있다는 사실을 알리는 것	저작권 소유자가 자신의 저작물이 무단으로 사용되었다고 판단하여 동영상 업로더에게 알리는 것
저작권 침해여부	저작권 침해 여부를 판단하지 않음	저작권 침해로 판단
신고방법	자동	수동
제기주체	저작권 소유자	저작권 소유자
제기방법	Content ID, 직접 신고	직접 신고
경고	없음	3회 경고 시 채널 폐쇄
조치	재생 중단, 수익 공유, 광고 표시	동영상 삭제 또는 채널 삭제
이의제기	가능	가능

소유권 주장과 경고의 차이점

YouTube 저작권 정책에 따라, 소유권 주장을 받은 동영상 업로더는 이의 제기를 통해 소유권 주장의 타당성을 주장할 수 있습니다. 이의 제기가 받아들여지면 소유권 주장이 해제됩니다.

저작권 걱정 없이 콘텐츠 만들기

YouTube에서 저작권 문제가 가장 자주 일어나는 것이 '음악, 드라마, 영화'입니다. 저작권 위반에 해당되지 않으려면 가장 좋은 방법은 사용하지 않는 것입니다. 하지만, 알면서도 사용하고 모르면서도 사용할 수 있습니다. 그럼 어떻게 해야 할까요?

❶ 음원은 Shorts에서 제공하는 '사운드 추가'에서만 사용합니다. Shorts에서 '사운드 추가'로 사용한 음원들은 소유권 주장 없이 사용할 수 있습니다. YouTube에서 사용료를 지불하기 때문입니다.
❷ 영화나 드라마의 경우에는, 제작사에서 공개한 영상 소스만 사용하시면 됩니다. 또한 영화나 드라마 제작사 공개 메일로 '사용하려는 콘텐츠의 목적, 사용 범위'등을 명시해서 사용 허가를 받는 것이 좋습니다. 드라마나 영화의 경우, 예고편이든 하이라이트든 최대한 많이 퍼져서 입소문을 타면 자연스럽게 홍보가 되는 것이라서 제작사 측에서는 마다할 이유가 없습니다.

(1) 공정 사용(Fair Use)의 준수

공정 사용이란 특정 상황에서 저작권 소유자의 허가 없이 저작권 보호 자료를 재사용할 수 있는 미국 법규입니다. 저작물을 저작권자의 허락 없이 사용할 수 있는 예외적인 경우를 말합니다. 공정 사용의 범위는 정해져 있습니다.

1) 저작권법 제 35조의 3(저작물의 공정한 이용)

- 저작물의 통상적인 이용 방법과 충돌하지 아니하고 저작자의 정당한 이익을 부당하게 해치지 아니하는 경우에는 저작권을 이용할 수 있다.
- 저작물 이용 행위가 제 1항에 해당하는지를 판단할 때에는 다음 각 호의 사항 등을 고려하여야 한다.
    - 이용의 목적 및 성격
    - 저작물의 종류 및 용도
    - 이용된 부분이 저작물 전체에서 차지하는 비중과 그 중요성
    - 저작물의 이용이 그 저작물의 현재 시장 가치 또는 가치나 잠재적인 시장 또는 가치에 미치는 영향

2) 공정 사용에 있어서 주의할 점

- 작품 비평, 교육, 뉴스 보도 등의 목적으로 저작물을 가져와서 변형 사용하는 경우는 사용 가능합니다. 이것을 2차 창작물이라고 합니다.
- 2차 창작물에 사용되는 원 저작물은 짧게 사용할수록 공정 사용에 가깝습니다.
- 홍보가 목적인 영화 예고편, 홍보 영상, 기술 자료 등의 저작물은 홍보 자료를 사용 하는 것이 공정 사용에 가깝습니다.
- 원본 저작물을 변형해서 주제가 달라진 2차 창작물이 공정 사용에 가깝습니다.
- 영상에 원본 저작자와 이름, 제작사, 제목, 출판사, 웹 주소 등 출처를 반드시 밝혀야 합니다.
- 공정 사용이라고 하더라도 원저작자가 저작권 침해를 이유로 법적 조치를 취하면, 공정 사용이 성립되기 어렵고 저작권 침해가 될 확률이 높습니다.

(2) Creative Commons License 기준 충족

웹 사이트나 블로그 등에서 'All rights reserved'라는 문장을 자주 보셨을 겁니다. 이 말은 저작권이 있으니까 함부로 사용하면 안 된다는 말입니다. 저작권에 대한 관련 법규가 강화되다 보니, 저작권에 대한 허락 없이 자유롭게 이용하자는 운동이 일어났는데 이것이 'Creative Commons' 줄여서 'CC'라고 합니다.

크리에이티브 커먼즈 라이선스는 콘텐츠를 만든 사람이 자신의 저작물을 다른 사람들이 자유롭게 이용할 수 있도록 허락하는 라이선스입니다. YouTube는 제작자가 동영상에 크리에이티브 커먼즈 (CC BY)라이선스를 표시할 수 있도록 허용하고 있습니다. 크리에이티브 커먼즈 라이선스는 100% 직접 창작한 콘텐츠에만 사용할 수 있습니다.

1) 크리에이티브 커먼즈 표시 대상

- 직접 만든 컨텐츠
- CC BY 라이선스로 표시된 다른 동영상
- 공개 도메인에 있는 동영상

2) 크리에이티브 커먼즈(CC) 라이선스 종류 및 한계

CC라이선스	이용 조건/한계
저작자 표시 (CC BY)	• 복사 및 배포를 할 수 있습니다(반드시 저작자 및 출처 표시) • 상업적 이용이 가능합니다. • 저작물을 변경하거나, 이용해 2차 저작물을 만들어도 됩니다. • 2차 저작물의 라이선스를 자유롭게 선택해도 됩니다. • 저작자 및 출처만 표시하면 제한 없이 자유롭게 이용 가능합니다.
저작자 표시-비영리 (CC BY-NC)	• 복사 및 배포를 할 수 있습니다(반드시 저작자 및 출처 표시) • 저작물을 변경하거나, 이용해 2차 저작물을 만들어도 됩니다. • 2차 저작물의 라이선스를 자유롭게 선택해도 됩니다. • 상업적 이용이 불가능합니다.
저작자 표시-변경금지 (CC BY-ND)	• 복사 및 배포를 할 수 있습니다(반드시 저작자 및 출처 표시) • 상업적 이용이 가능합니다. • 이 저작물을 변경하거나, 이용해 2차 저작물을 만들면 안 됩니다.
저작자 표시-동일조건 변경허락 (CC BY-SA)	• 복사 및 배포를 할 수 있습니다(반드시 저작자 및 출처 표시) • 상업적 이용이 가능합니다. • 저작물을 변경하거나, 이용해 2차 저작물을 만들어도 됩니다. • 2차 저작물에 원저작물과 동일한 라이선스를 적용해야 합니다.

저작자 표시-비영리-동일조건 변경허락 (BY-NC-SA)	• 복사 및 배포를 할 수 있습니다(반드시 저작자 및 출처 표시) • 저작물을 변경하거나, 이용해 2차 저작물을 만들어도 됩니다. • 상업적 이용이 불가능합니다. • 2차 저작물에 원 저작물과 동일한 라이선스를 적용해야 합니다.
저작자 표시-비영리-변경 금지 (BY-NC-ND)	• 복사 및 배포를 할 수 있습니다(반드시 저작자 및 출처 표시) • 상업적 이용이 불가능합니다. • 이 저작물을 변경하거나, 이용해 2차 저작물을 만들면 안됩니다.

3) CC0 : 퍼블릭 도메인(Public Domain)

- 공개 도메인은 법률에 의해 허용되는 최대한도로 저작권과 저작인접권을 포기한다는 권리자의 의사 표시입니다.
- 내 저작물을 아무 조건 없이 누구나 사용할 수 있게 하고 싶다면, CC0을 적용해서 퍼블릭 도메인으로 공개할 수 있습니다.
- 퍼블릭 도메인은 저작권 보호기간이 지나서 저작권이 만료된 저작물 또는 저작권자가 저작권을 포기한 저작물을 말합니다.
- CC0과 퍼블릭 도메인은 동급이라고 볼 수 있습니다.

(3) 유튜브에서 저작권 침해로 '저작물 게시중단 법적 요구'를 받았을 경우

해결 방법	내용
1. 경고 소멸 대기	• 경고는 90일이 지나면 자동 소멸 • 첫 경고라면 YouTube '저작권 학교'를 수료
2. 신고 철회 요청	• 동영상 소유권을 주장한 사용자에게 연락해서 저작권 침해 신고 철회 요청
3. 반론 통지 제출	• 동영상이 저작권 침해로 잘못 인식되어 YouTube 실수로 삭제되었거나, 공정 사용에 해당 한다고 생각하는 경우 반론 통지 제출 • 공정 사용의 경우 : 학교 교육 목적 등에의 이용, 영리를 목적으로 하지 아니하는 공연 · 방송

(4) 소유권 제기에 대한 이의제기 및 반론 통지 제출 방법

1) 소유권 주장에 대한 이의 제기

YouTube 업로드한 동영상에 대해, 저작권 보호를 받는 콘텐츠가 포함되었다고 하는 Content ID 소유권 주장이 제기될 수 있습니다. 이 소유권 주장에 대해 이의제기를 하면 저작권 소유자에게 알림이 전송됩니다. 저작권 소유자는 30일 이내에 응답해야 합니다.

- YouTube 스튜디오에 로그인해서 왼쪽 메뉴에서 '콘텐츠'를 선택합니다.
- 필터 표시줄을 클릭하고 '저작권 침해 신고'를 클릭합니다.
- 저작권 침해가 된 영상이 표시됩니다.

- '세부 정보 보기'를 클릭, '작업 선택/이의제기'를 클릭합니다.
- 이의 제기가 제출될 경우 저작권 소유자는 30일 내에 응답해야 합니다. 저작권 소유자는 소유권 주장 취소, 소유권 주장 보호, 동영상 게시 중단, 아무런 조치를 취하지 않고 소유권 주장이 만료(30일 경과)되도록 하는 등의 조치를 취해야 합니다.

2) 저작권 반론 통지 제출

저작권 소유자의 승인 없이 YouTube에 저작권 보호 콘텐츠를 업로드하면 게시가 중단될 수 있습니다. 동영상 게시 중단 조치가 잘못되었다고 생각되면 '저작권 반론 통지'를 제출할 수 있습니다. 반론 통지는 저작권 침해가 의심되어 게시 중단된 동영상을 YouTube가 복원해 줄 것을 요구하는 법적 요청입니다.

- 이의 제기와 동일하게 'YouTube 로그인–콘텐츠 선택–필터/저작권 침해 신고'를 선택
- 세부정보 보기를 클릭합니다. '조치–작업 선택' 반론 통지 제출을 클릭합니다.
- 반론 통지를 제출하기 전에 다음의 사항을 확인합니다.
    - 콘텐츠 소유자에 대한 증명
    - 타인의 저작물을 사용했다면 해당 저작물을 사용할 라이선스 또는 허가를 받았다는 증거 보유 여부
    - 콘텐츠 사용 사례가 공정 사용 또는 이와 유사한 저작권 예외가 적용되는 사례인가?
    - 공개 도메인에 속한 콘텐츠인가?
- 신고자는 저작권법에 따라 영업일 기준 10일 이내에 반론 통지에 회신해야 합니다.

PART
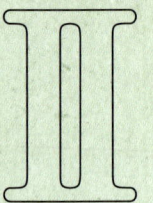

숏폼, 영상 편집 제작 with 캡컷

01 캡컷의 기본 기능
01-1 숏폼 영상 편집에 최적화된 캡컷(Capcut)
01-2 캡컷 편집 메뉴 설명
01-3 캡컷을 이용한 숏폼 영상 편집 방법
01-4 컷 편집 및 영상 순서 바꾸기, 속도 빠르게 느리게 하기
01-5 영상 제목과 자막 넣기
01-6 영상에 배경음악 삽입하기, 장면 전환 효과

02 캡컷의 특수 효과
02-1 마스크 사용 방법
02-2 클론, 나를 복제하거나 지우는 방법
02-3 따라 다니는 영상과 자막, 트레킹
02-4 사진으로 3D 입체영상 만들기

03 캡컷의 PC 버전을 이용한 기능 확장
03-1 캡컷 PC 화면 인터페이스 메뉴 설명

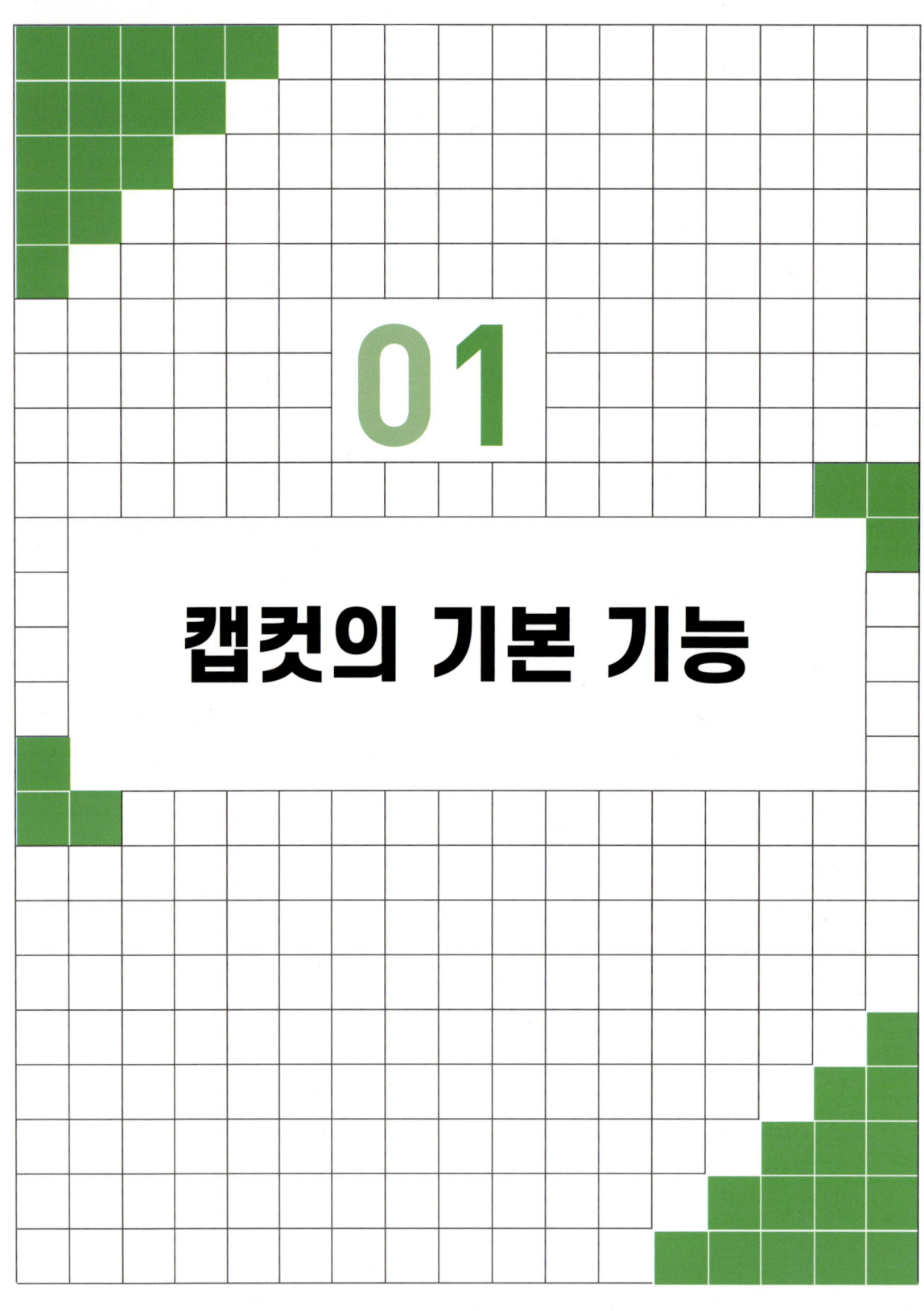

01
캡컷의 기본 기능

01-1
숏폼 영상 편집에 최적화된 캡컷(CapCut)

숏폼 동영상을 편집하는 프로그램 중에 요즘 가장 인기를 끌고 있는 것이 바로 '캡컷(Capcut)'입니다. Capcut은 인공지능(AI) 기반의 올인원 크리에이티브 플랫폼으로써, 윈도우나 Mac, 안드로이드와 iOS에서 동영상 편집과 이미지 디자인을 지원합니다. Capcut은 모바일과 PC에서 모두 사용이 가능하며, 다양한 기능과 효과를 제공하는 무료 프로그램입니다. Capcut은 비교적 쉽게 사용할 수 있으며, 무료 버전에서도 대부분의 기능을 제공합니다. 또한 인터페이스가 깔끔하고 직관적이어서 처음 영상 편집을 하는 사람들도 편리하게 사용 가능합니다.

- 비디오, 오디오, 이미지 등 다양한 소스를 가져와서 동영상을 제작할 수 있습니다.
- 자르기, 붙이기, 분할, 회전 등의 편집 기능을 제공합니다.
- 색상 보정, 음량 조절, 블러 처리, 모자이크 처리 등 다양한 효과를 적용할 수 있습니다.
- 다양한 전환 효과와 타이틀, 자막 등의 추가 기능을 제공합니다.
- 영상에 음악을 추가하고, 음성 녹음 및 덮어쓰기가 가능합니다.
- 숏폼에 유용한 다양한 특수 효과들을 제공합니다.

스마트폰용 캡컷 설치 및 워터마크 제거

1 플레이스토어나 앱스토어에서 '캡컷'을 검색합니다. 설치하고, 권한 설정에 동의합니다. 그림 다음과 같은 첫 화면이 나옵니다.

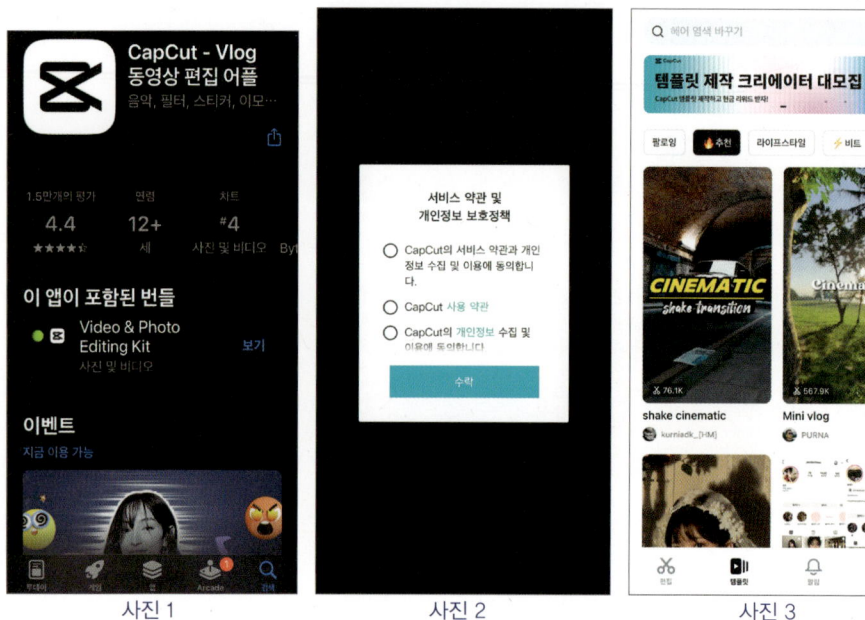

사진 1   사진 2   사진 3

2 원하는 조건으로 회원가입(중국 어플이라서 카톡이 없습니다)을 하고나면(사진 1), 아래 메뉴에서 가위(✂)표시를 누르면 편집화면이 나옵니다(사진 2). 캡컷으로 영상을 만들었을 때 나오는 워터마크(영상 마지막에 나오는 캡컷 로고)를 없애려면 우측 상단에 있는 톱니바퀴를 눌러서 설정으로 들어갑니다. 두 번째에 있는 '기본 엔딩 추가'를 왼쪽으로 이동하면, '엔딩을 삭제할까요? 유지/삭제'가 나옵니다. 삭제를 누르면 영상 마지막에 나오는 워터마크가 더 이상 나오지 않습니다. 아니면 영상 마지막에 있는 캡컷 로고 클립을 매번 삭제해도 됩니다.

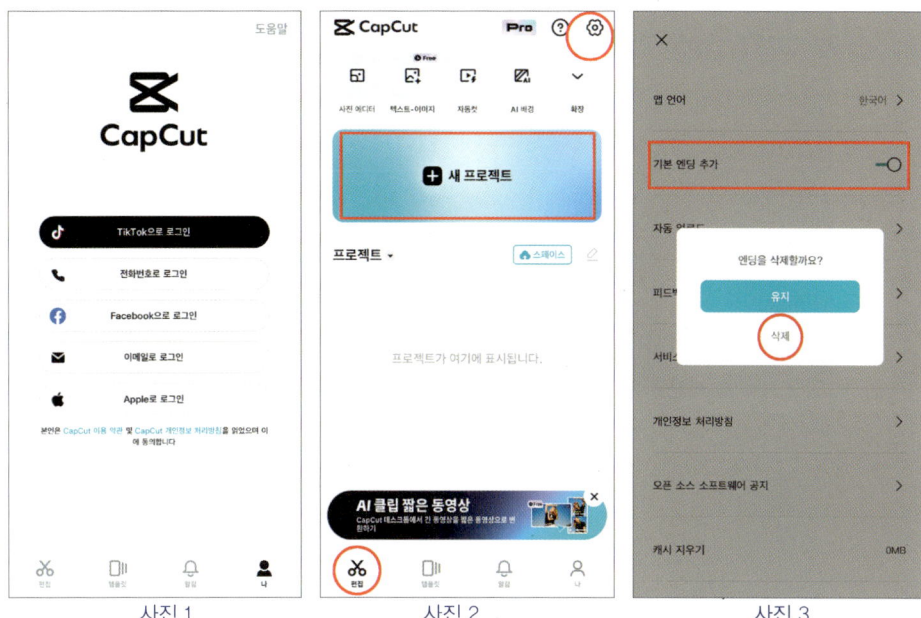

사진 1 사진 2 사진 3

메뉴는 한글로 직관적이므로 한 번씩 눌러보면 바로 알 수 있습니다. 워터마크를 나오지 않게 설정한 다음, 편집화면으로 돌아와 가운데 있는 '새 프로젝트'를 누르면 동영상 편집을 시작할 수 있습니다.

PC용 캡컷 설치 및 언어 설정

(1) 설치 없이 온라인으로/PC 버전 다운로드 사용

1 PC 버전 캡컷은 온라인으로 사용하거나, 다운로드 받아서 사용할 수 있습니다. 메뉴 구성과 사용법은 둘 다 동일합니다. 캡컷을 검색해서 나오는 사이트에 접속합니다. 회원가입(숫자 1)을 합니다. 프로젝트 저장 공간을 설정하고(사진 1)나면, 메인 화면이 나옵니다(사진 2).

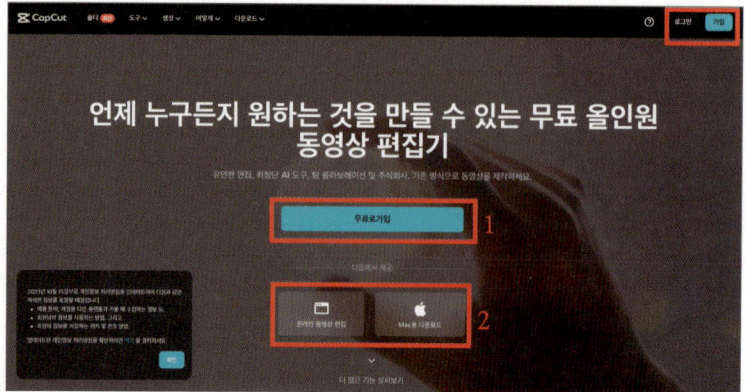

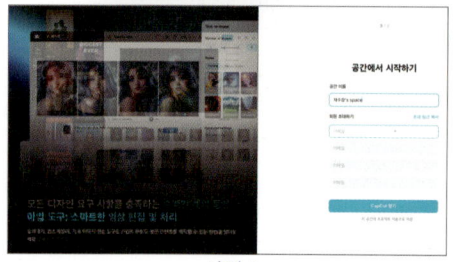
사진 1

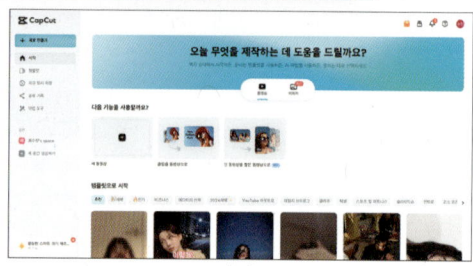
사진 2

2️⃣ 매번 온라인 접속이 귀찮아서 다운로드 후 설치해서 사용하고 싶으면, '무료다운로드'를 누릅니다. 내 PC에 맞는 캡컷 버전이 다운로드 됩니다. 설치를 하고난 후, 한글로 바꾸기 위해서 우측 상단의 톱니바퀴(사진 1)를 누릅니다. 오른쪽 끝에 있는 'Language'를 눌러 '한국어'를 선택(사진 2)합니다. 한글로 바뀐 것을 볼 수 있습니다.

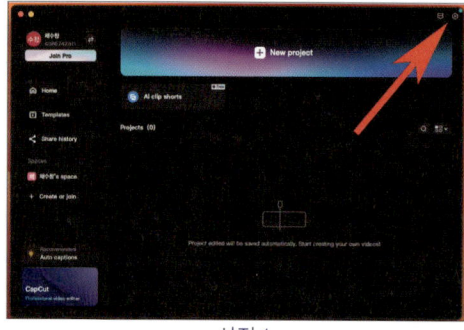
사진 1

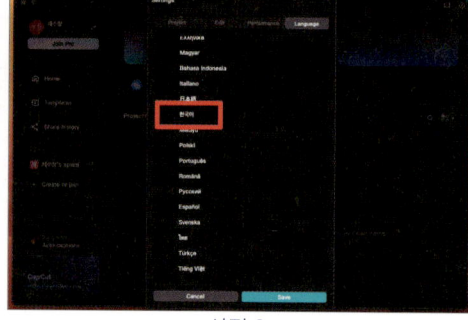
사진 2

01-2
캡컷 편집 메뉴 설명

Shorts가 스마트폰에서 손쉽게 촬영하고 업로드하는 콘텐츠이므로, 모든 설명은 스마트폰용 Capcut을 기준으로 설명합니다. Capcut PC 버전은 뒷부분에서 다시 한 번 자세히 설명드리겠습니다.

Capcut 메인 화면에서 가운데 있는 '새 프로젝트'를 누릅니다. 갤러리에 있는 사진과 동영상에 대한 '전체 접근 허용'을 눌러주면 편집 메인 화면이 나옵니다. 갤러리에서 편집하려는 동영상을 선택하고 '추가'를 누릅니다.

  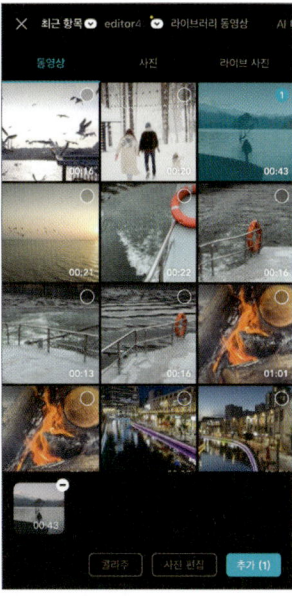

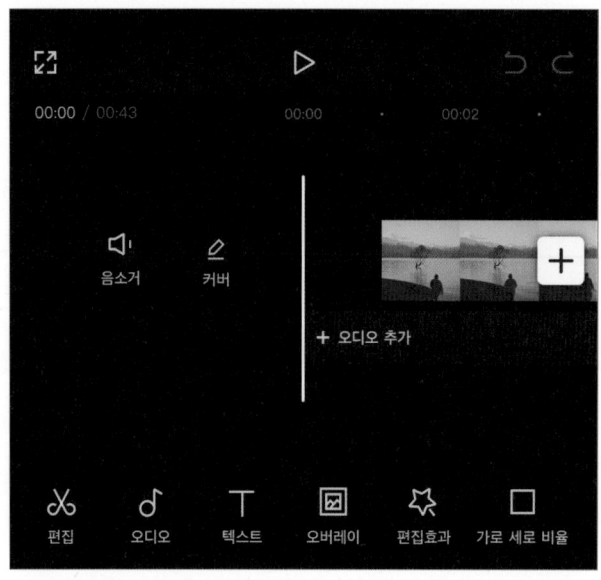

캡컷 메뉴 명칭 알아보기

Capcut만이 아니라 영상 편집을 할 때 기본적으로 보이는 화면 명칭에 대해서 알아보겠습니다. 사진 1에 보이는 제일 위쪽 해상도는 영상 결과물의 해상도입니다. 미리보기 창은 편집하려는 동영상을 미리 볼 수 있는 창입니다. 타임라인은 동영상 전체에 대한 검색을 할 수 있는 창으로, 손가락으로 확대, 축소할 수 있습니다. 손으로 터치해서 전체적으로 영상을 살펴볼 수도 있습니다. 제일 아래의 편집 메뉴들은 영상 편집에 쓰이는 것들입니다. 사진 2의 내보내기는 편집 완료 후 동영상을 출력하는 것이며, 플레이 버튼으로 영상을 재생하고 멈출 수 있습니다. 타임 인디케이터는 영상을 자세하게 살펴볼 때나, 컷 편집을 하기 위해서 사용됩니다.

사진 1 　　　　　　　　　사진 2

타임라인의 이해

타임라인은 간단하게 말해서, 영상이나 오디오 등의 프로그램에서 편집이 진행되는 공간입니다. 타임라인의 원래 뜻은, 일이나 계획, 사건 따위를 시간의 경과에 따라 나열하거나 정리해 놓은 것을 말합니다. 이것이 영상 편집프로그램에서 모든 비디오 클립(소스), 오디오 클립, 효과 및 전환 등이 시간 순으로 배치된 것입니다. 클립을 영상 편집 프로그램으로 가져올 때 효과를 적용하려면 먼저 타임라인에 클립을 배치해야 합니다. 클립은 짧게 또는 길게 녹화된 영상 파일 1개를 의미합니다.

타임라인은 영상 편집의 모든 기본 사항인 영상 소스들을 재 정렬하고 편집할 수 있습니다. 타임라인의 어느 지점에서나 프로젝트를 확인할 수 있습니다. 타임라인은 현재 편집 중인 프로젝트를 미리보기 하는 것입니다. 타임라인은 영상을 내 마음대로 만들어 낼 수 있는 캔버스와 같습니다. 타임라인을 사용해서 클립을 정렬하고 수정을 할 수 있습니다.

(1) 타임 인디케이터 : 타임 인디케이터는 타임라인 위에서 영상 어느 부분을 보는지 알려주는 '안내선'입니다. 인디케이터란 말이 '표지'니까 그 정도로 이해하시면 됩니다. 영상 편집할 때 자주 나오는 용어라서 말씀 드립니다. 위 사진에서 '재생 헤드(타임인디케이터)'로 표시된 부분입니다.

편집

동영상 편집 어플 Capcut 편집 화면에서 아래쪽의 편집 메뉴 중 가장 왼쪽 첫 번째에 배치되어 있는 '편집'기능은, 영상 편집의 기본 기능인 컷 편집을 비롯해서 다양한 편집 기능들을 제공하고 있습니다. 해상도와 화면 비율은 우측 상단에 있는 숫자 '1080P'를 누르면 설정할 수 있습니다. 1080P를 눌러 해상도와 프레임 속도, 코드 속도, 스마트 HDR을 조절할 수 있습니다. 코드 속도는 Mbps로 초당비트전송률이라고 하며, 해상도와 더불어서 영상 화질에 영향을 주는 요소입니다. 모든 항목을 처음 설정 그대로 둡니다.

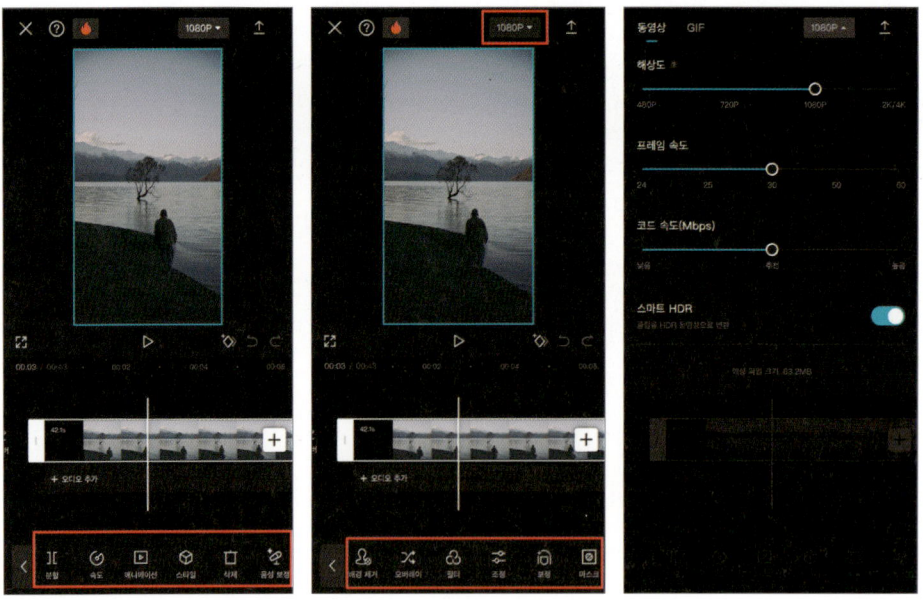

(1) 분할

편집 화면을 눌렀을 때, 제일 왼쪽에 먼저 나오는 '분할'은, 원하는 부분에서 영상을 자르는 기능입니다. 그 전에 영상을 전체적으로 살펴보고 싶으면 타임라인에 있는 영상을 터치해서 좌우로 이동하면서 살펴 볼 수 있습니다. 두 손가락으로 모으거나 확장시켜 영상을 확대, 축소할 수 있습니다(사진 1). 타임라인에 보이는 하얀 세로선(타임 인디케이터)을 이동시켜 자르기를 원하는 위치에 놓고 '분할' 버튼을 누르면 그 부분이 잘라집니다(사진 2). 잘라진 영상에서 필요 없는 부분을 선택해서 아래쪽에 있는 '삭제' 버튼을 누르면 영상이 삭제됩니다(사진 3).

사진 1   사진 2   사진 3

(2) 속도

분할 버튼 바로 우측에 있는 '속도' 버튼은 동영상 속도를 빠르게, 느리게 조절할 수 있는 기능입니다. 버튼을 누르시면 '일반'과 '곡선' 버튼이 나옵니다. '일반' 버튼을 눌러서 내가 속도 조절을 원하는 부분에 타임 인디케이터를 놓고 속도를 조절하면 됩니다. 아래쪽에 있는 '피치 유지'는 속도 조절시 오디오가 이상해지는 것을 어느 정도 방지한다고 하는데, 실질적으로 별 영향은 없습니다.

'곡선' 버튼은 각각 다른 곡선 그래프를 제공하는데, 그래프 모양에 따라 속도가 바뀝니다. 사용자가 직접 조절을 할 수도 있습니다. 속도 조절이 끝나면 우측 아래쪽의 체크(∨) 버튼을 눌러 변경사항을 저장하고 다음 편집을 합니다. 편집을 하다가 실수했을 경우나 다시하고 싶을 때는 타임라인 위에 있는 곡선 모양의 화살표(↶, ↷)를 눌러 이전으로 가거나 뒤로 갈 수 있습니다.

(3) 애니메이션

애니메이션은 동영상이나 이미지가 영상에 들어오고(시작), 나가는 방법입니다. 일종의 화면전환 효과입니다. 애니메이션은 인과 아웃, 조합이 있습니다. 인은 영상이 시작되거나 보일 때 나타나는 효과, 아웃은 영상이 사라질 때 나타는 효과, 조합은 인과 아웃이 동시에 적용되는 효과입니다. 효과가 나타나는 시간은 밑에 있는 바로 조절 가능한데, 시간이 작을수록(왼쪽 방향) 빠르게, 시간이 커질수록(오른쪽 방향) 느리게 적용됩니다.

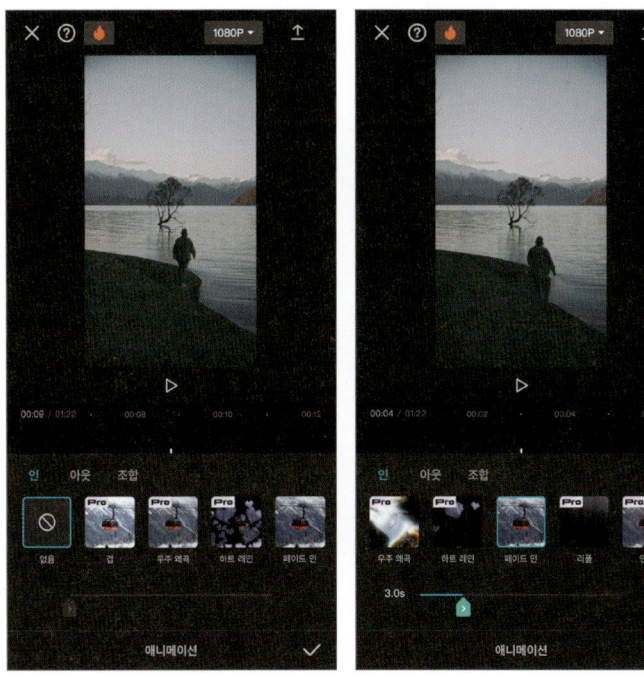

(5) 삭제

삭제 기능은 편집, 특히 컷 편집에서 가장 많이 사용하는 기능입니다. 삭제를 누르면 편집 화면에서 제일 먼저 나왔던 가위 모양의 '편집'이 나옵니다. 삭제 기능은 컷 편집에서 자세하게 알아보도록 하겠습니다.

(6) 소리

소리는 동영상에 있는 모든 소리의 크기를 조절하는 기능입니다. 소리를 누르면 기본은 '100'으로 설정되어 있습니다. 100이상으로 올리면 커지고, 100이하로 내리면 소리가 작아집니다(큰 차이가 나도록 변화하는 것은 아닙니다). 아래쪽 가운데 있는 '음량 조정'을 누르면, 동영상에 녹음된 소리 높낮이가 일정하게 맞춰집니다.

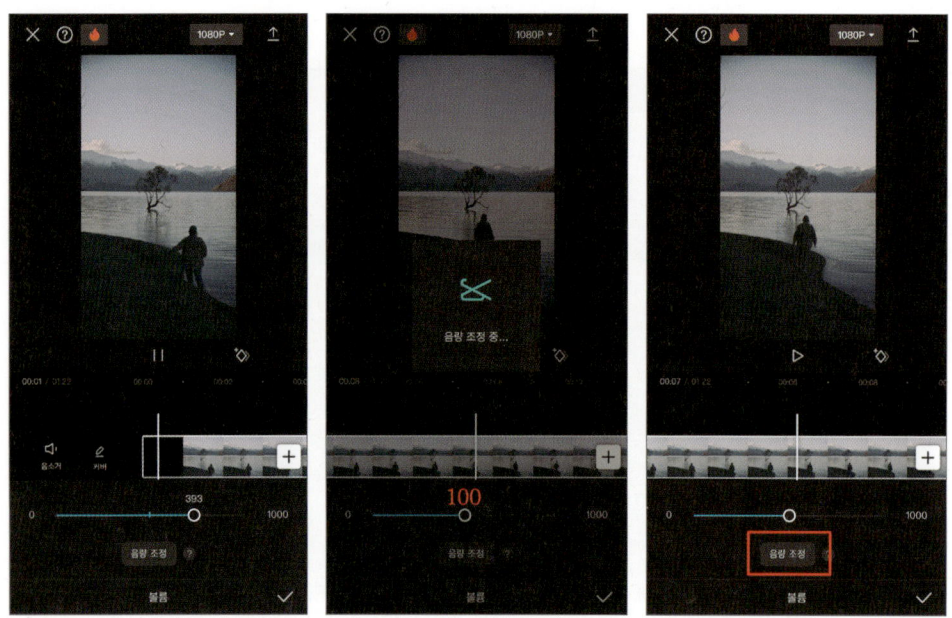

(7) 배경제거

배경제거는 말 그대로 영상에 있는 배경을 제거하는 기능입니다. 배경제거를 누르면, 자동 삭제/사용자 지정 삭제/크로마키가 나옵니다. 자동 삭제를 누르면 자동으로 배경이 삭제되면서 검게 변합니다. 삭제된 배경색은 캔버스에서 변경 가능합니다. 사용자 지정 삭제는 사용자가 브러시 크기를 조절해가면서 배경을 지우는 것입니다. 크로마키는 합성 등 특수효과를 이용하기 위해서 블루 스크린이나 녹색 배경에서 촬영한 배경을 삭제하는 기능입니다.

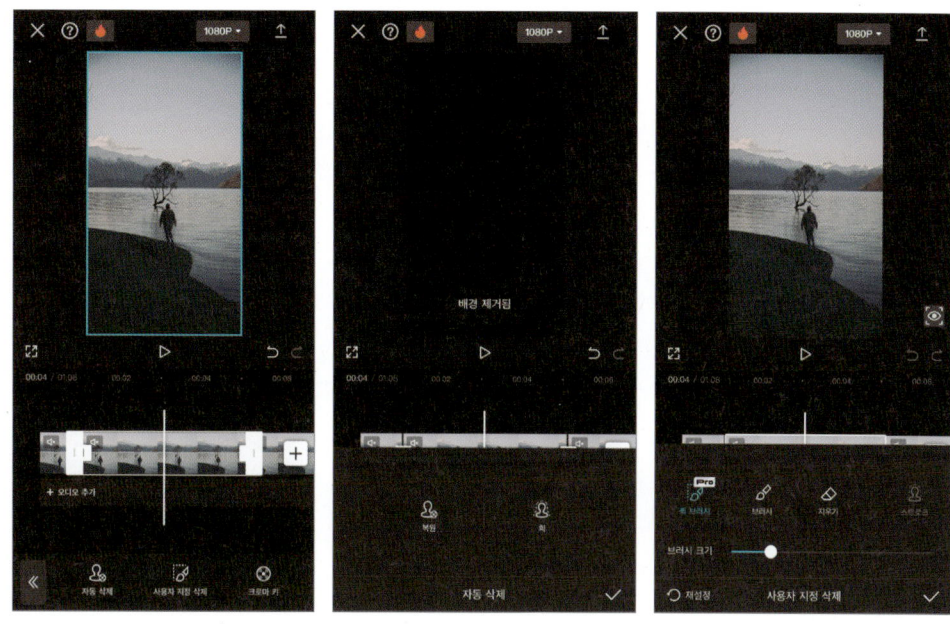

(8) 오디오 추출

오디오 추출은 영상 속에 있는 소리를 뽑아내는 기능입니다. 누르면 자동으로 추출된 오디오가 타임라인에 만들어집니다. 추출된 오디오를 눌러주면 밑에 편집할 수 있는 메뉴들이 나옵니다.

(9) 보정

보정은 영상 속의 인물의 얼굴과 몸매를 보정하는 기능입니다. 보정을 터치하면, '얼굴과 몸'이 나오는데 각각 항목을 누르면 다양하게 얼굴과 몸매를 보정할 수 있습니다. 보정을 할 때에는 너무 과하지 않도록 주의합니다. 영상 전체에 적용을 하고 싶으면 '전체 적용'을 눌러 주시면 됩니다.

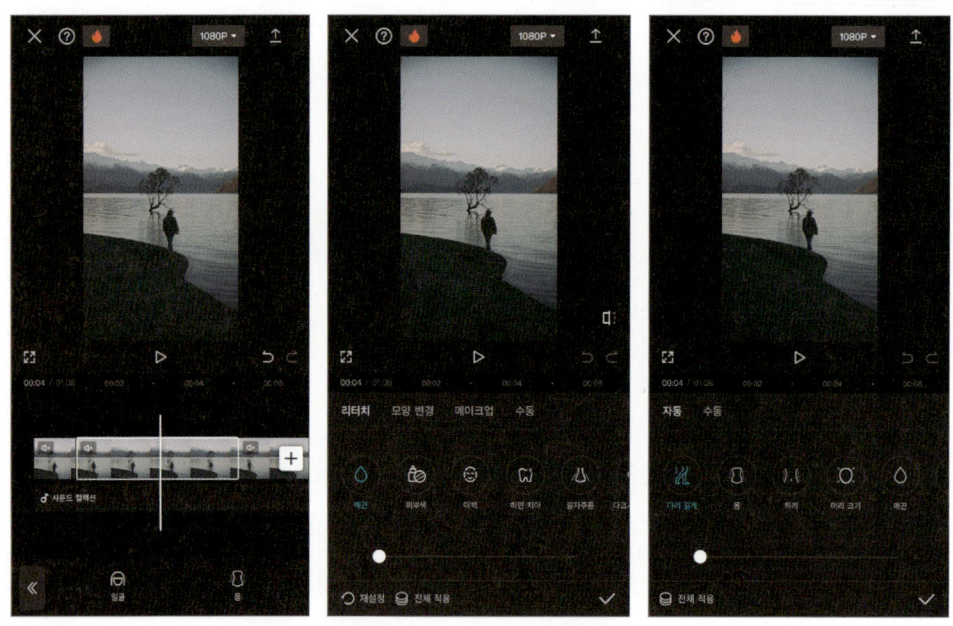

01-3 캡컷을 이용한 숏폼 영상 편집 방법

초보라면 쉽게, 템플릿 편집

영상 편집을 처음 시작하시는 분들은, 편집을 시작하려면 어떤 것부터 해야 할지 어렵습니다. 첫 화면 중간에 보이는 '프로젝트'로 들어가서 동영상 편집을 하는 것이 기본적으로는 맞습니다. 하지만 초보들은 메뉴조차 생소합니다. 이럴 때 Capcut의 템플릿 기능은 아주 유용합니다. 초보자들도 쉽게 영상 편집의 재미를 느낄 수 있고, 간단하게 만들 수 있습니다. 단, 템플릿에서 제공되는 폰트나 음악 등은 반드시 '저작권' 문제를 검증하고 사용해야 합니다.

Capcut 시작화면에서 '템플릿'을 누르면 이미 만들어진 영상들이 보입니다. 팔로잉, 추천, 라이프스타일, 비트, 브이로그, 마케팅, 뮤비, 친구&커플, 만화 등등 다양합니다. 검색창에서 원하는 템플릿을 찾을 수 있고, 각각의 항목에서 요즘 유행하는 영상 트렌드를 고를 수도 있습니다.

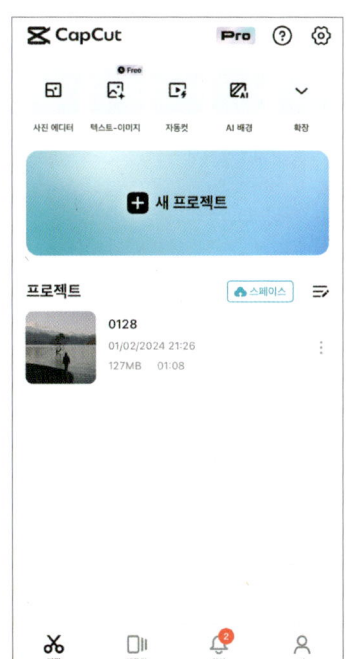
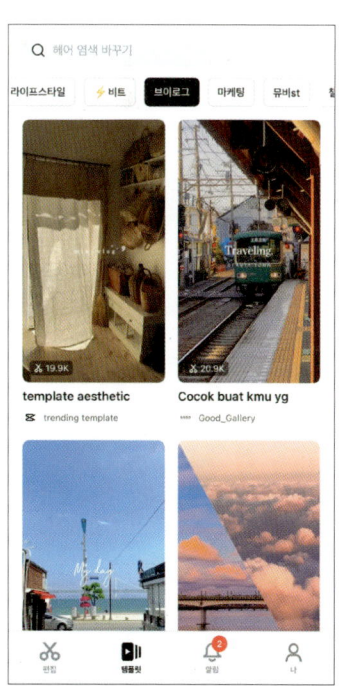

(1) 쇼츠 템플릿 편집 1

그럼 템플릿을 이용해서 Shorts 영상 편집을 해보겠습니다. 템플릿에서 검색기능을 활용해서 '여행 템플릿'을 검색합니다. 나온 템플릿 중에서 사용이 많이 된 템플릿을 고릅니다. 템플릿을 선택하면 영상이 나오면서 왼쪽 아래 부분에 영상 길이와, 필요한 동영상 개수가 나옵니다. 전체 길이는 20초에 필요한 영상 개수는 34개니까, 각 클립 당 0.5초 정도의 짧은 영상이 필요합니다(영상은 사전에 준비되어 있으면 템플릿 이용이 쉬워집니다). Shorts 콘텐츠 특성상, 지루한 전개가 아니라 빠른 영상 변환을 위한 좋은 템플릿입니다.

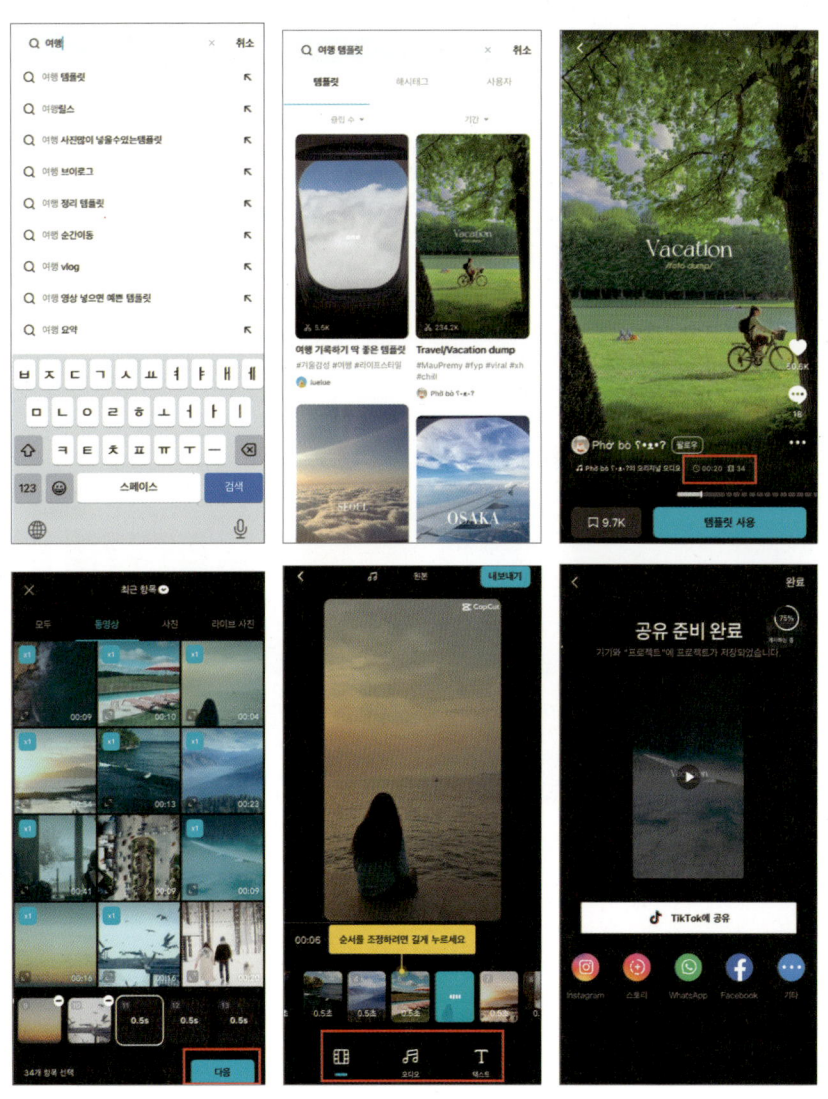

총 사용시간과 필요한 동영상 개수를 확인했으면, 아래쪽의 '템플릿 사용'을 누르면 갤러리에 있는 영상이나 사진이 보입니다. 영상이나 이미지를 선택하면, 필요한 영상 각각의 시간들도 표시되어 있습니다. 사전 영상 준비가 되어있지 않으면 바로 촬영해서 사용할 수 있습니다(시간을 맞춰서 촬영해도 좋지만 그렇지 않을 경우 자동으로 편집이 됩니다). 영상을 선택하고 '다음'을 누르면 자동으로 영상이 완성됩니다. 영상을 길게 눌러서 각각의 클립마다 영상을 바꾸거나 순서를 변경할 수 있습니다. 완성된 영상의 비디오 클립이나 텍스트를 변경하고 싶으면 아래 메뉴의 '편집, 오디오, 텍스트'를 눌러 편집합니다. 텍스트를 눌러 내가 원하는 폰트나 내용으로 변경도 가능합니다. 모든 편집이 완료되면 오른쪽 윗부분에 있는 '내보내기'를 눌러서 영상을 저장합니다. Shorts로 사용하려면, 갤러리에 저장한 다음에 사용하면 됩니다. 작업한 영상이 저장 완료되면 공유하기 화면이 나옵니다. 각종 해시태그를 달아 Instgram, Facebook 등의 SNS에 즉시 공유할 수 있습니다.

(2) 쇼츠 템플릿 편집 2

템플릿을 사용한 Shorts 영상을 다시 한 번 만들어 보겠습니다.

1 검색창에서 요즘 유행하는 '너 요즘 잘 지내?'를 검색합니다. 마음에 드는 템플릿을 선택합니다. 전체 길이 15초에 6개의 영상이 필요합니다.

2 갤러리에서 영상 6개를 선택하면 자동으로 편집이 됩니다.

3 각 영상들은 길게 눌러 순서를 바꿀 수도 있고, 각 영상이 마음에 들지 않으면 다른 영상으로 '교체'할 수도 있습니다.

4 필터를 누르면, 추천, 인물, 라이프, 레트로, 페인팅, 한국드라마, 음식, 야경, 풍경 등 다양한 필터가 나옵니다. 원하는 필터를 각 영상에 적용할 수 있습니다.

5 편집이 완료되면 내보내기를 눌러서 저장합니다.

 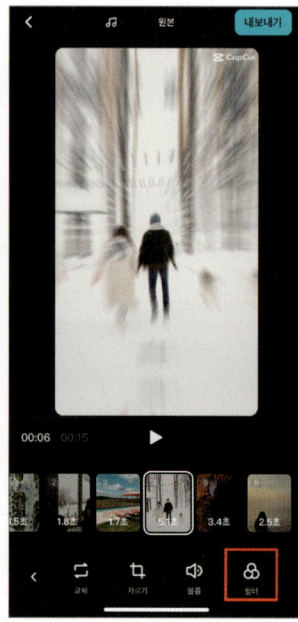 

내 마음대로 하고 싶다면, 프로젝트 편집

영상 편집을 하는 또 다른 방법은 '프로젝트'입니다. 프로젝트 편집도 이용방법은 간단합니다. Capcut 처음 화면에서(처음 화면이 편집 화면으로 뜨면 '가위 모양(✂)' 누르기) 이번에는 '새 프로젝트'를 눌러줍니다. 프로젝트를 누르면 갤러리에서 선택할 수 있는 '영상 클립'들이 보입니다. 원하는 클립들을 선택하고 추가를 누릅니다. 영상 편집을 할 수 있는 타임라인 화면이 나옵니다.

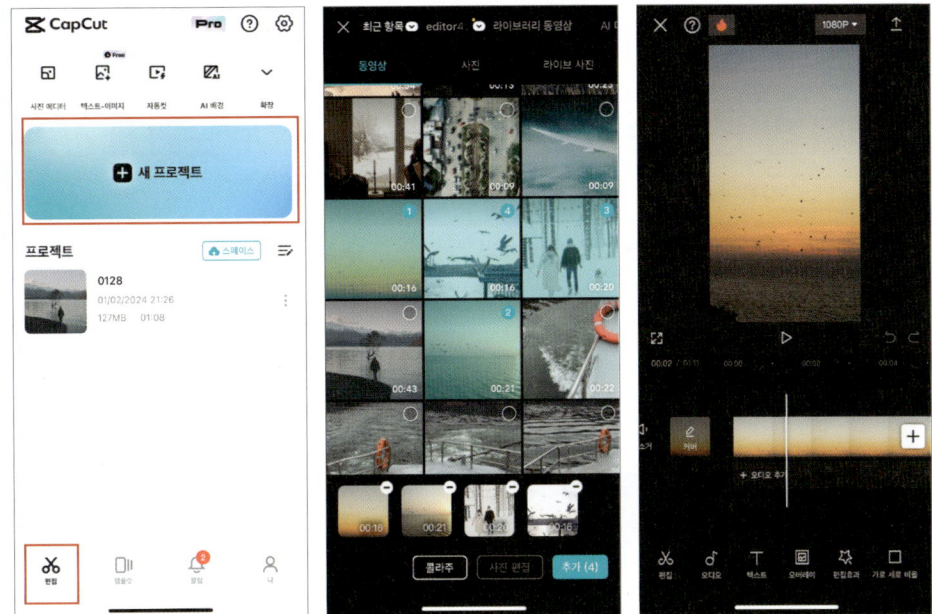

Capcut에서 템플릿과 프로젝트를 이용해서 영상 편집을 하는 방법에 대해 알아봤습니다. 편집화면에서 영상을 편집하는 방법은 다음 파트에서 자세하게 다루겠습니다. Shorts에 특화된 어플인 Capcut을 활용해서 다양한 영상을 만들어 보도록 하겠습니다.

01-4
컷 편집 및 영상 순서 바꾸기, 속도 빠르게 느리게 하기

영상 편집을 위한 소스 : 사진이나 영상 불러오기

소스(Source)는 영상 제작이나 편집에 활용되는 재료가 되는 모든 파일을 말합니다. 촬영한 동영상 원본, 다운로드 받은 영상, 음악, 효과음, 사진 등 소스는 다양합니다. 영상 편집을 시작하려면 타임라인에 소스들을 불러옵니다. 방법은 '새프로젝트'를 누르면 자동으로 내 스마트폰에 있는 영상과 이미지들이 보입니다. 원하는 영상이나 이미지 등을 선택하고 추가를 누르면 됩니다.

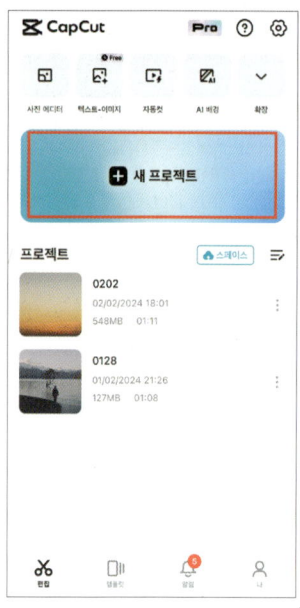

- 영상 편집을 위한 소스 : 샘플 영상 소스 40개 다운로드 방법

소스 파일 다운로드 방법은 앤써북 독자지원센터(책 5~7페이지)를 참고합니다.

(1) 동영상 촬영

스마트폰에 있는 기본 카메라를 사용해서 동영상을 촬영하는 것을 권장하지만, Capcut은 카메라 기능도 제공하고 있어서 Shorts나 숏폼 영상 촬영하기 편리합니다.

1 초기 화면에서 오른쪽 위에 있는 '확장'을 누릅니다.

2 '카메라'를 선택합니다. 여러 가지 카메라 메뉴들이 보입니다.

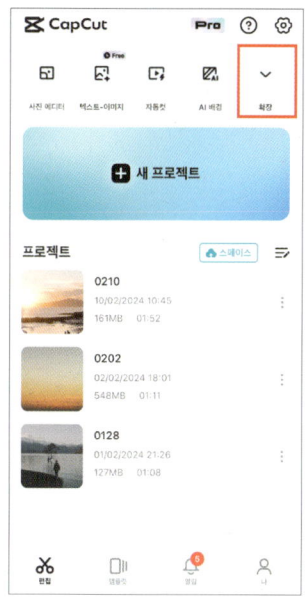

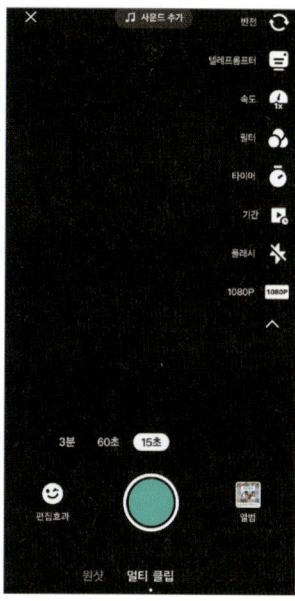

(2) 캡컷 카메라 메뉴

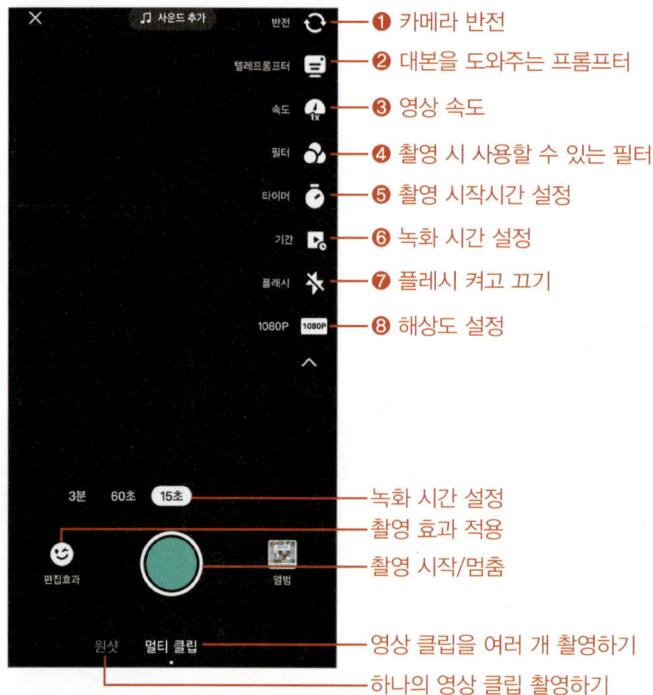

❶ 반전 : 전면 카메라와 후면 카메라 선택 모드.
❷ 텔레프롬프터 : 영상 촬영시 대본이나 대사를 미리 작성, 프롬프터를 보면서 영상을 촬영하는 기능.
❸ 속도 : 1.0x(배속)을 기준으로 왼쪽으로는 느려지고 오른쪽으로는 영상 속도가 빨라짐.
❹ 필터 : 촬영 시 사용할 수 있는 필터로, 일상, 페인팅, 한국 드라마, 질감, 음식, 풍경, 영화, 레트로, 스타일 등의 필터를 제공함.
❺ 타이머 : 즉시 촬영을 하거나 3초 또는 7초 후에 촬영을 시작하도록 설정 가능함. 처음 상태는 '즉시 촬영', 한 번 누르면 숫자 3이 나오면서 '3초 후', 한 번 더 누르면 7이 나오면서 '7초 후' 촬영이 설정됨.
❻ 기간 : 손가락으로 드래그해서 녹화 시간을 15초, 60초, 3분까지 설정할 수 있음.
❼ 플래시 : 촬영할 때 플래시 사용 여부를 설정.
❽ 1080P : 1080P는 해상도로 기본 1080P로 설정되어 있음. 누를 때 마다 해상도가 내려감.

(3) 텔레프롬프터

프롬프터에 이야기할 대본이나 대사를 미리 작성해 놓고서 영상을 촬영하면 더듬거리지 않고 영상을 촬영할 수 있습니다. 프롬프터 기능은 텍스트 편집(숫자 1)과 대사 속도, 글꼴 크기와 글꼴 색상 등을 조정(숫자 2)할 수 있습니다. 십자화살 표시(숫자 3)를 눌러 원하는 곳으로 이동도 가능하고, 대사는 최대 5,000자까지 메모할 수 있습니다.

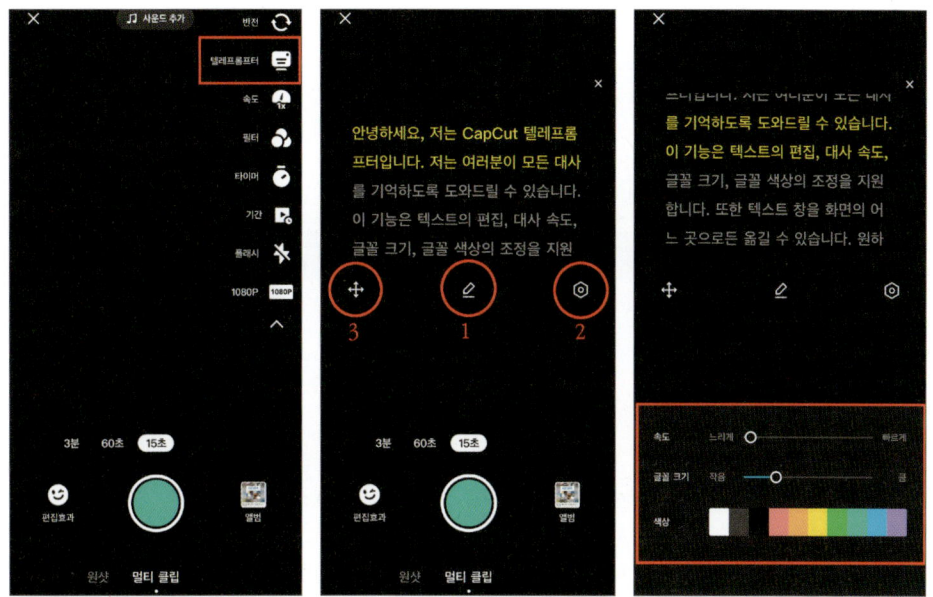

재생 버튼으로 영상 전체 모니터링 하기

본격적으로 Capcut으로 영상 편집을 시작해 보겠습니다. 편집이란, 어떤 사건이나 일들을 기획의도와 상황에 맞게 장면을 선택하고 배열하는 것을 말합니다. 편집은 단순하게 영상 클립을 나열하는 것에 그치지 않고, 같은 화면이라도 어떻게 편집하느냐에 따라 의미와 메시지는 많이 달라집니다.

이러한 영상 편집을 세분화하면, 가 편집과 종합 편집으로 나눌 수 있습니다. '가 편집'은 말 그대로 '정식으로 편집을 하기 전에 임시로 하는 편집'입니다. 영상 클립을 원하는 대로 배치하고 흐름에 맞게 연결하는 작업입니다. '종합 편집'은 자막, 효과 및 BGM 등의 다양한 편집을 하는 과정입니다.

Capcut 편집 화면에서 가운데 있는 '플레이(▷)' 버튼을 눌러서 영상을 전체적으로 탐색할 수 있습니다(사진 1). 또는 밑에 타임라인에 있는 영상 클립을 손가락으로 누른 상태에서 좌우로 이동하면서 탐색할 수도 있습니다(사진 2). 이렇게 영상을 재생해서 촬영, 녹화된 클립을 순서대로 배열합니다. 내가 원했던 의도와 이야기 흐름에 맞지 않으면 영상 순서를 바꿀 수 있고, 필요 없는 컷은 삭제할 수 있습니다. 가 편집은 영상의 방향성과 어떻게 구성을 할지 결정하는 단계입니다.

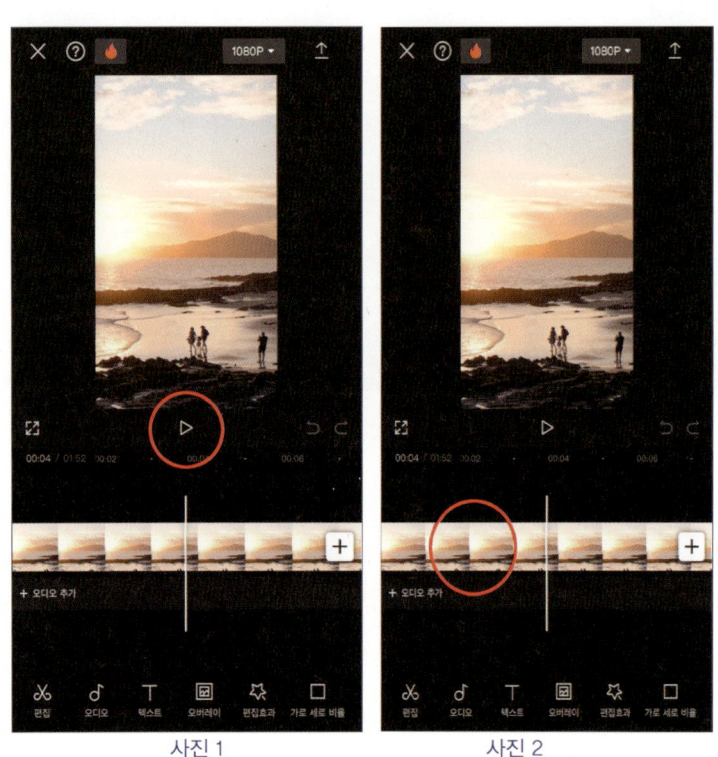

사진 1   사진 2

컷 편집하기

동영상을 편집할 때 동영상을 잘라내는 컷 편집은 가장 기본이 되는 편집 작업입니다. 컷 편집은 내가 말 하려는 이야기를 전개해가는 일종의 '스토리텔링'입니다. 즉, 영상을 통해서 내가 하고 싶은 이야기를 만드는 과정입니다. 영상 소스들을 불러와서 필요한 부분을 남기고 나머지는 잘라내는 과정입니다. 남아 있는 영상들을 재배치해서 이야기를 만드는 작업이 컷 편집입니다. 그러므로 컷 편집은 영상 편집의 시작과 끝이라고 할 수 있습니다.

(1) 컷 편집 시작

1 '새프로젝트'를 클릭합니다. 영상들을 선택하고 아래쪽 '추가'를 누릅니다.

2 '플레이' 버튼을 눌러서 이동하거나, 손가락으로 영상을 클릭해서 이동하다가 컷 편집을 원하는 부분에 '타임 인디케이터'를 둡니다.

3 아래 메뉴에서 가위 모양 '편집' 버튼을 누릅니다. 나오는 메뉴 중 '분할' 버튼을 눌러 영상 클립을 나눕니다. 타임 인디케이터가 놓인 부분에 영상이 잘린 표시가 나옵니다. 잘라낼 부분을 선택하고 '분할'을 다시 누릅니다.

4 삭제할 부분을 선택하고 아래 메뉴에서 '삭제'를 눌러 영상을 지웁니다.

5 잘린 부분이 자동으로 달라붙습니다. 잘 못 되었으면 '뒤로 가기'를 눌러서 되돌립니다.

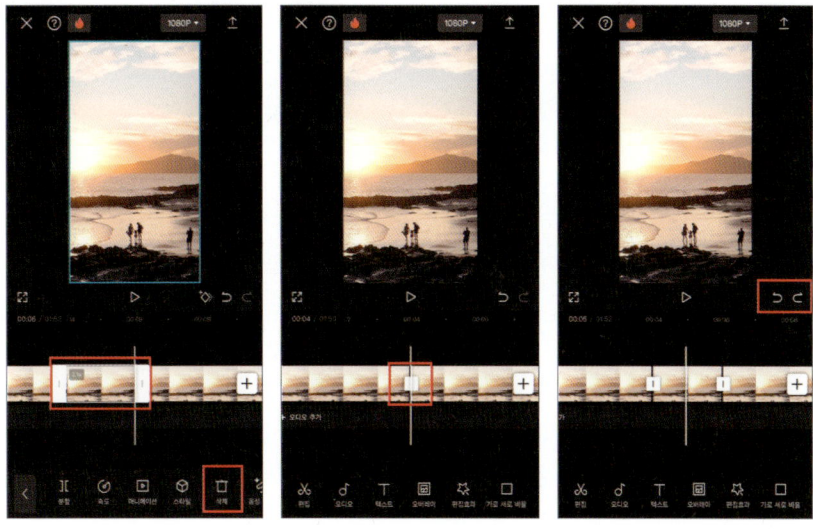

영상 순서 바꾸기

1. '편집/분할'을 눌러서 영상을 원하는 대로 자릅니다.
2. 잘라낸 영상이나 불러온 영상이 내가 생각하는 스토리에 맞지 않는다면 위치를 바꿔서 이야기를 완성합니다.
3. 위치를 바꾸려는 영상 클립을 손으로 길게 눌러서 원하는 곳으로 이동합니다.

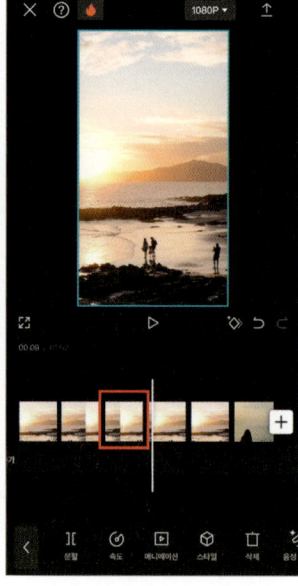

속도 빠르게 느리게 하기

1. 속도 조절을 연습하기 위해서 영상을 임의로 여러 개로 분할합니다.
2. 분할 옆에 있는 '속도'를 누릅니다.
3. 일반과 곡선이 나옵니다. 일반은 사용자가 임의로 속도를 조절할 수 있고, 곡선은 사용자가 조절도 가능하고, 이미 설정된 속도 그래프를 적용할 수도 있습니다. '일반'을 선택합니다.
4. 기본은 정상 속도인 1.0x(1배속)으로 되어있습니다. 1배속부터 100배까지 빠르게 할 수 있으나 100배라고 해도 그렇게 빠르게 되지는 않습니다.

5️⃣ 기본 배속인 1배속 이하로 내려가면 '부드러운 슬로우모션'이 활성화됩니다.

6️⃣ '피치 유지'는 영상 속도가 빨라짐에 따라 말소리가 이상해지는 것을 방지해 주는 기능인데 실질적으로 효과는 별로 없습니다.

7️⃣ 완료되면 오른쪽 아래 'V'를 눌러서 저장하고 다음 편집을 하거나 내보내기를 합니다.

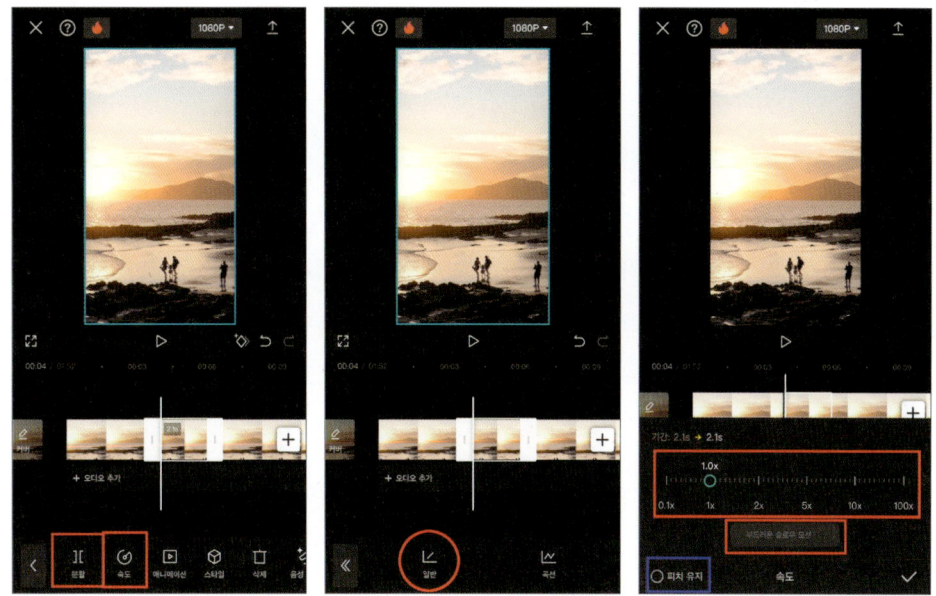

01-5

영상 제목과 자막 넣기

영상 제목 넣기

앞에서도 말씀드렸지만, YouTube는 롱폼에서든지 Shorts에서든지 제목이 중요합니다. Shorts 피드에 뜬 것을 클릭하든, 아니면 스와이프하다 나온 영상을 시청하든 상관없이 가장 먼저 보는 것이 제목입니다. 제목에 이끌려서 영상 시청 여부를 결정하는 것입니다. 그다음 이탈률을 줄이는 것은 영상에서의 문제입니다. Shorts 대표 제목을 넣는 방법을 알아보겠습니다.

1 새프로젝트를 눌러 편집할 영상을 선택하고 '추가'를 누릅니다.
2 제목이 위치할 부분에 타임인디케이터를 놓고, 아래 메뉴에서 '텍스트'를 누릅니다.
3 '텍스트 추가'를 누릅니다.

4 '텍스트 입력'란에 원하는 제목을 입력하면 됩니다.
5 텍스트는 글꼴이나 스타일, 편집 효과, 애니메이션 등으로 다양한 효과를 줄 수 있습니다.
6 재생창에 보이는 부분(숫자 1)을 눌러서 글자 크기나 위치, 회전 등 조절 가능합니다.
7 제목을 만들 때 주의할 점은, 우리가 다른 Shorts를 볼 때도 마찬가지지만 너무 위로 올리거나 크게 만들면 Shorts 화면에서 벗어나게 되는 것입니다. 스마트폰 화면이 더욱 다양해지고 있는 상황에서 일률적으로 9:16을 적용하게 되면 제목이 잘리거나, 스토리 자막이 아래 광고에 묻혀서 안 보이게 되는 경우가 많습니다(아래 안 좋은 예와 잘된 예 사진 참조).
8 편집효과에 있는 '⊘' 표시는 효과 적용 후에 다시 원래대로 되돌리는 기능입니다.
9 편집이 완료되면 텍스트 입력 창 옆에 있는 '∨'를 눌러 저장해주면 됩니다.

제목과 스토리 자막이 안 좋은 예(좌측) / 잘된 예(우측)

영상 스토리 자막 넣기

스토리 자막 넣는 방법도 제목 자막과 동일합니다. 단 스토리 자막도 위의 예처럼 위치를 신경 써야 합니다.

1. 제목을 만들었으므로 타임라인에 제목 소스가 형성되어 있습니다. 영상에서 자막이 보이는 길이는 자막 오른쪽(숫자 1)을 눌러서 조절할 수 있습니다(양 손가락으로 타임라인의 영상을 줄여서 제목을 영상 끝에 맞추면 됩니다).
2. 스토리 자막이 위치할 부분에 타임인디케이터를 놓고, 아래 메뉴에서 '텍스트'를 누릅니다.
3. '텍스트 추가'를 누릅니다.
4. '텍스트 입력'란에 원하는 자막을 입력하면 됩니다.
5. 텍스트는 글꼴이나 스타일, 편집 효과, 애니메이션 등으로 다양한 효과를 줄 수 있습니다.
6. 편집이 완료되면 텍스트 입력 창 옆에 있는 '∨'를 눌러 저장해주면 됩니다.

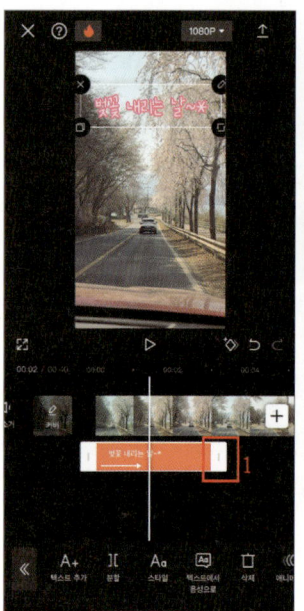
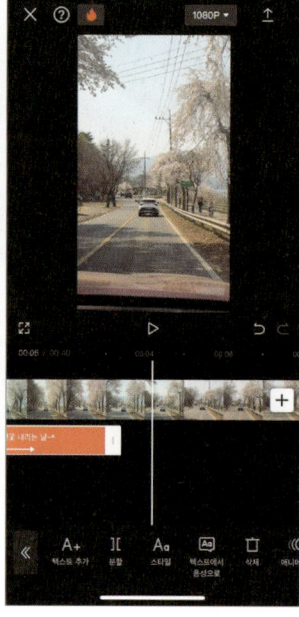

자동으로 자막 넣기

1. 자동으로 자막을 생성할 영상을 선택하고 타임인디케이터를 앞부분에 놓습니다.
2. 아래 메뉴에서 '자동 캡션'을 누릅니다.
3. '자동 캡션 생성'란에 언어와 동영상을 선택하고 아래에 있는 '생성'을 누릅니다.
4. AI가 자동으로 영상 속의 음성을 자막으로 만들어줍니다.
5. 타임라인에 새롭게 생성된 자막이 보입니다. 아래에 있는 메뉴에서 '일괄 편집'을 선택합니다. 자동으로 생성된 자막이 시간별로 보입니다. 자막 중에서 잘못된 부분을 고쳐줍니다.
6. 편집이 완료되면 '캡션' 옆에 있는 '∨'를 눌러 저장해주면 됩니다.
7. 생성된 자막은 제목과 스토리 자막과 동일하게 편집 및 효과를 줄 수 있습니다.

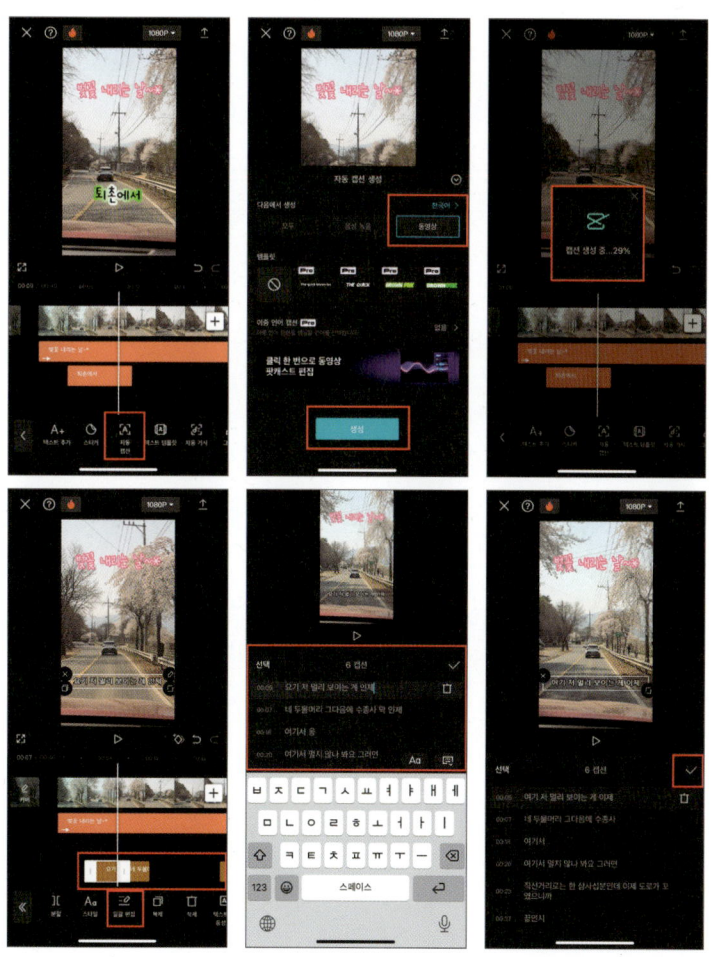

01-6
영상에 배경음악 삽입하기, 장면 전환 효과

영상에서 제일 중요한 요소 중 하나는 배경 음악입니다. Shorts처럼 짧은 영상이라서 배경음악에 신경 쓰지 않아도 된다고 생각할 수 있지만, 동영상 콘텐츠를 끝까지 시청하도록 끌고 가는 힘은 배경음악에 충분히 있습니다. 아무리 내용이 좋아도 배경음악이나 효과음이 튀어버리면 감동이 반감됩니다. 여기에서는 Capcut '오디오' 기능에 있는 사운드, 추출, 음성녹음에 대해서 알아보겠습니다.

캡컷에서 제공하는 사운드 사용하기

1 이전 단원에서 편집하던 영상을 이어서 작업을 하도록 하겠습니다. 아래 메뉴에서 '오디오'를 선택합니다.

2 사운드, 브랜드 음악, 저작권, 사운드 FX, 추출 등이 나옵니다. '사운드'를 누릅니다.

3 Capcut에서 제공하는 '사운드 추가' 항목이 나오는데, TikTok 계정과 연결하라는 안내가 나옵니다. TikTok 계정이 있으면 로그인 하시면 되고, 없으면 순서에 따라서 TikTok에 가입을 하시면 됩니다.

4 TikTok에 로그인 하거나, 아래쪽에 있는 '가입하기'를 눌러 가입합니다.

5 생년월일을 기입하고, 필수사항만을 체크합니다(선택사항은 안 해도 됩니다).

6 'Capcut이 회원님의 계정에 액세스 하도록 승인할까요?'라는 물음에 아래쪽에 있는 '승인'을 누르면 이제 사운드를 사용할 수 있습니다.

7 브이로그, 여행, 리듬, 신선, 락, 힐링, 로맨스 등 다양한 음악이 장르별로 분류되어 있습니다. 무료로 사용되는 음악이라고 Shorts에서 제공하는 음악처럼 저작권에서 자유로운 것은 아니니까 반드시 저작권 여부를 확인하셔야 합니다. 검색창에서 원하는 음악을 검색해서 사용할 수도 있습니다.

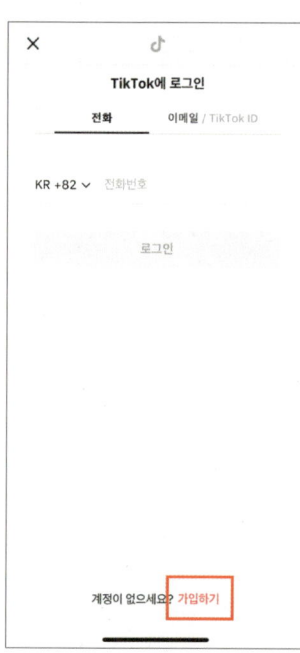 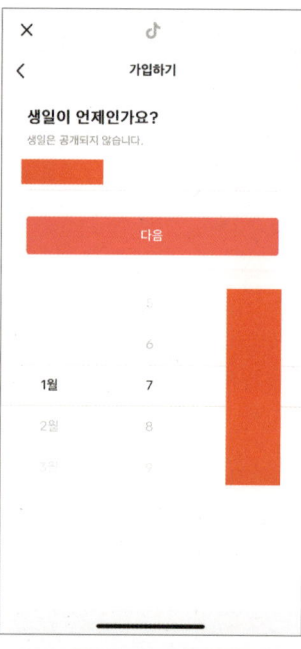 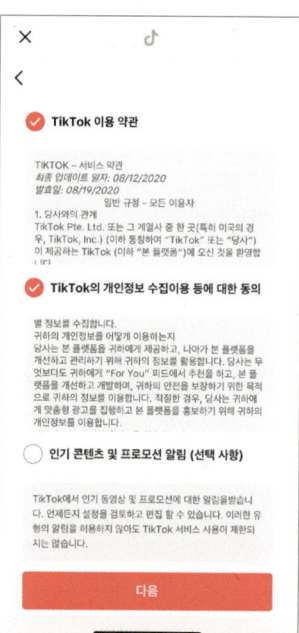
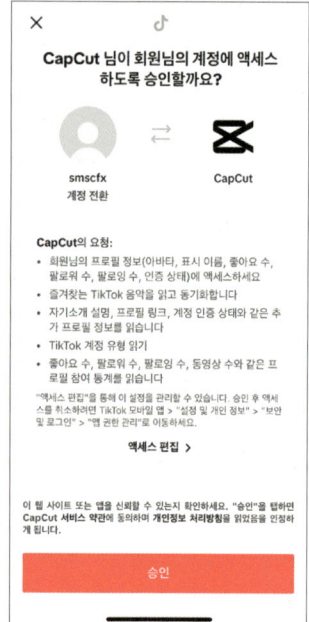  

8 드라이브 영상이니까 장르에서 '여행'을 선택해 보겠습니다.

9 나열된 음악들은 곡명을 누르면 먼저 들어볼 수 있습니다. 사운드 길이는 영상에서 처리하면 되니까 신경 쓸 것 없고, 선택했으면 오른쪽에 있는 '+'를 눌러 추가합니다.

10 타임라인에 오디오가 추가된 것이 보입니다.

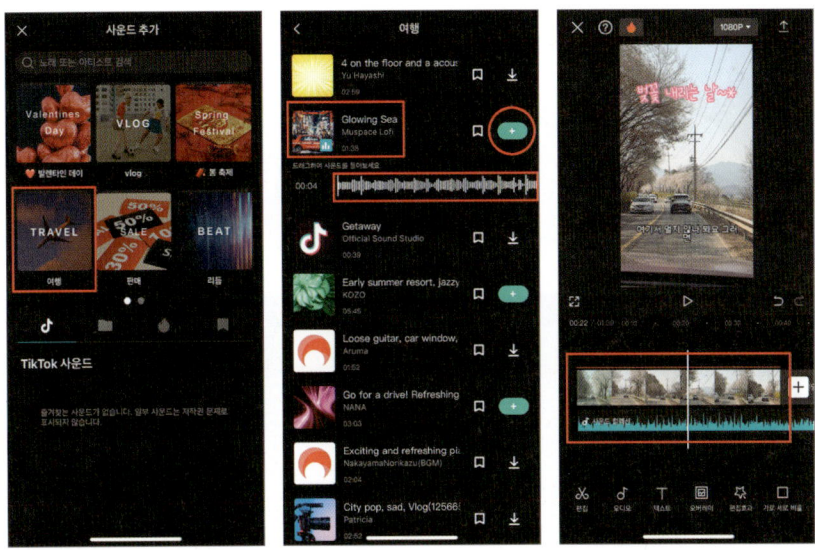

11 영상과 사운드 길이가 맞지 않는 부분은 타임라인에서 사운드를 선택해 '편집/분할'하면 됩니다. 분할된 나머지 사운드는 삭제해주면 됩니다.

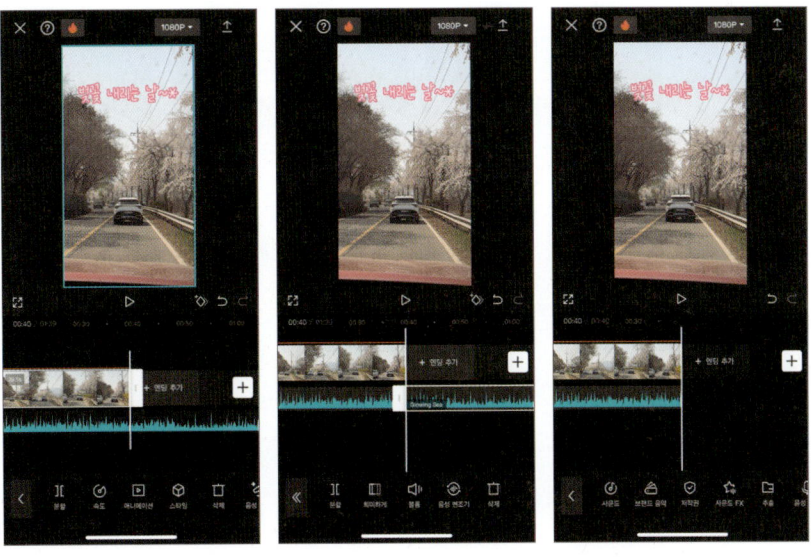

12 사운드 시작과 끝부분을 희미하게(서서히 커지고 작아지게) 만들려면 타임라인에 있는 '오디오' 소스를 누릅니다. 아래 편집 메뉴에 '희미하게'가 나옵니다.

13 사운드가 시작되는 부분(페이드 인)과 끝나는 부분(페이드 아웃)이 서서히 커지고, 서서히 작아지도록 조절할 수 있습니다. 위에 있는 숫자는 효과 적용 시간을 나타냅니다.

14 원래 동영상에 있는 사운드를 없애거나 줄이려면, 타임라인에서 동영상을 클릭한 다음, 제일 왼쪽에 있는 '음소거'를 누르면 간단히 사운드가 제거됩니다.

15 원래 동영상의 사운드를 완전히 제거하지 않고 볼륨을 조절하고 싶으면, 편집 메뉴에 있는 '볼륨'을 눌러서 조절하면 됩니다. 기본 볼륨은 100으로 되어 있으니 적당히 조절하든지, 완전히 없앨 수 있습니다.

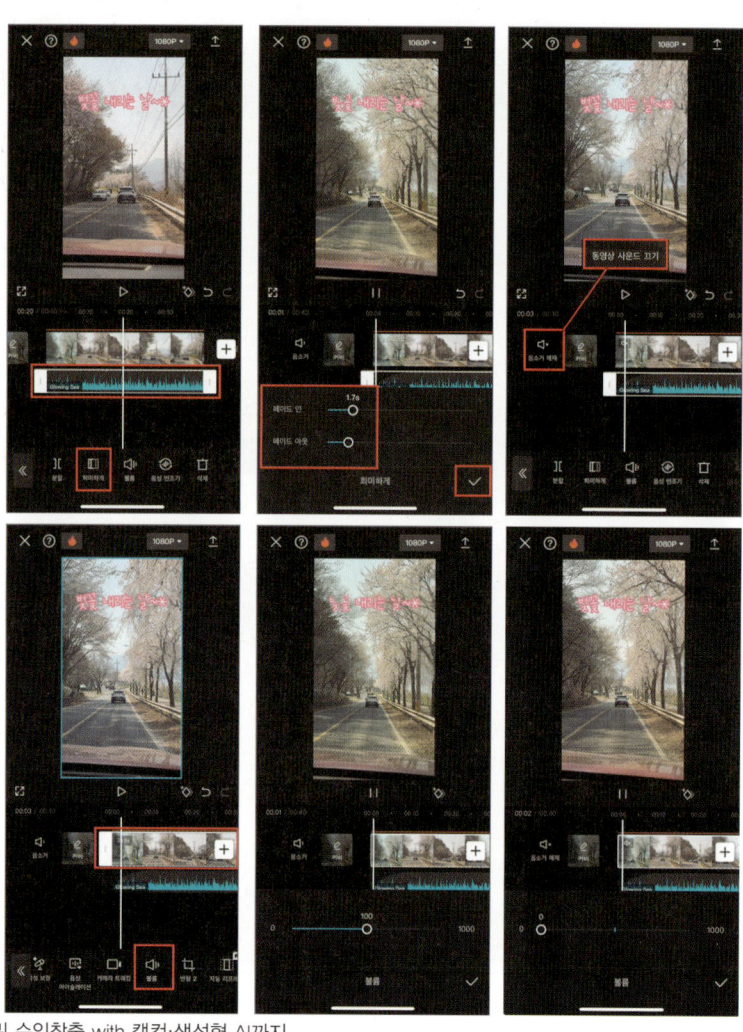

동영상에서 사운드 추출해서 사용하기

1 오디오 메뉴에서 '추출'을 누릅니다. 갤러리에 있는 동영상이 보입니다.

2 사운드를 추출할 영상을 선택하면 아래에 '오디오 추출 및 추가' 항목이 나옵니다. 이 버튼을 누르면 타임라인에 오디오 소스가 추가된 것이 보입니다.

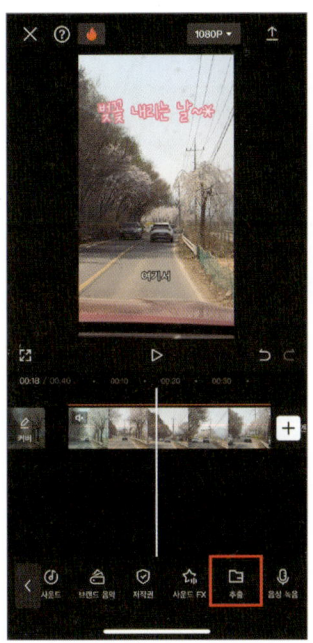  

음성 녹음해서 사운드 적용하기

1 오디오 메뉴에서 제일 오른쪽에 있는 '음성 녹음'을 누릅니다.
2 가운데 마이크 버튼을 눌러 음성을 녹음하거나 다른 오디오를 녹음합니다.
3 녹음된 오디오는 음성 변조기를 써서 변화를 줄 수 있습니다. 음성 보정 기능은 유료 버전에서만 사용 가능합니다.

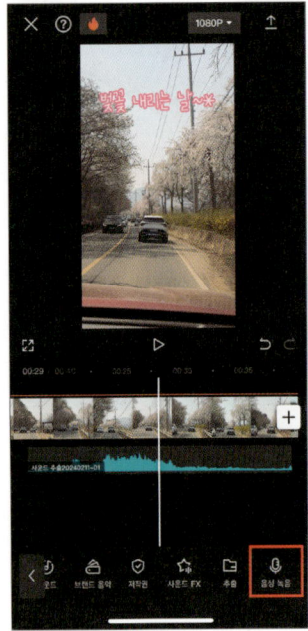  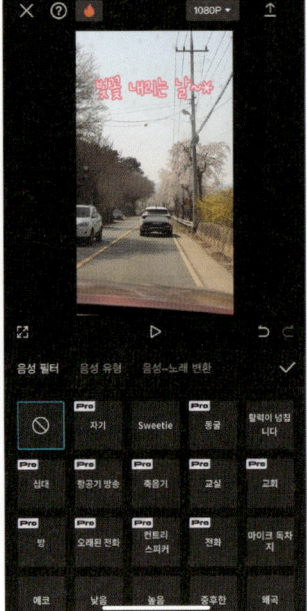

장면 전환 효과

1 영상이 분할되거나, 영상과 영상 또는 사진과 사진 사이에 있는 '줄이 있는 흰색 사각형'을 클릭하면 화면 전환 효과가 나옵니다. 0.2초부터 2초까지 효과를 적용할 수 있고, 아무 효과도 없이(◯) 할 수 있습니다.
2 전환 효과가 적용된 부분은 '▷◁ 모양'으로 표시가 되어 있습니다.

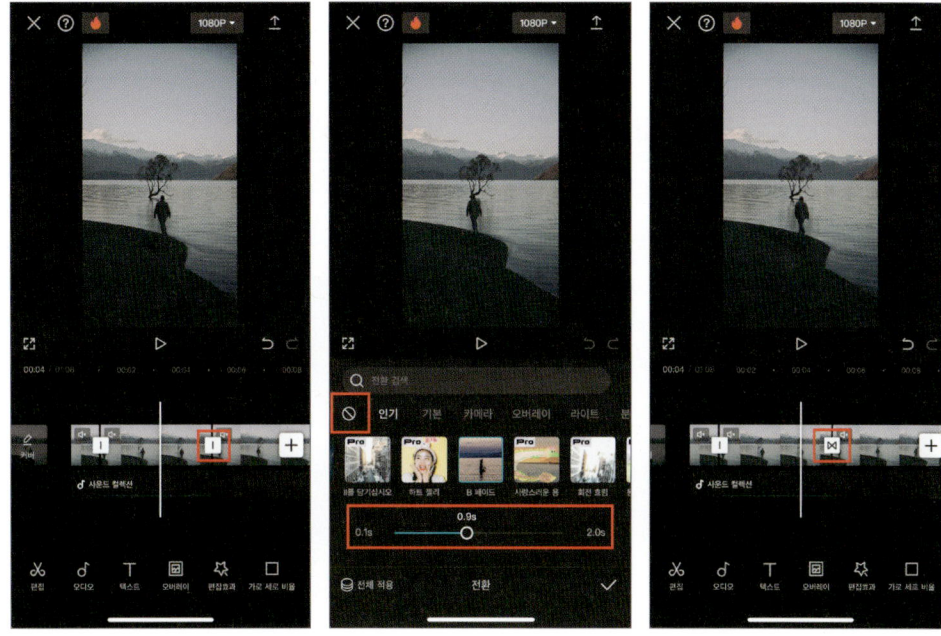

무료 배경음악 추천 사이트

(1) 유튜브 오디오 라이브러리

1) YouTube 스튜디오 오디오 라이브러리에 있는 음악 및 효과음 사용하기

YouTube 스튜디오 라이브러리에서는 동영상에 사용할 로열티 없는 음악과 효과음을 찾을 수 있습니다.

- YouTube 오디오 라이브러리 : youtube.com/audiolibrary 바로가기

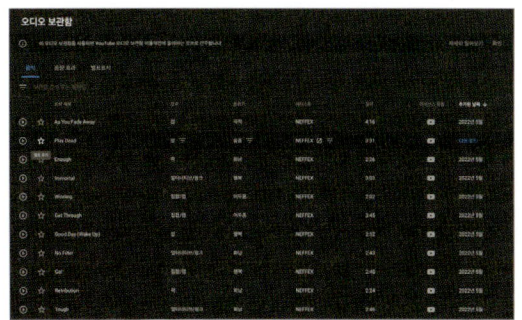

2) 오디오 라이브러리 검색하기

❶ 무료 음악(음향 효과) 탭에서 필터 및 검색창으로 음악 검색합니다.

❷ 검색창에 직접 키워드를 입력해서 특정한 트랙을 찾을 수 있습니다.

❸ 트랙 제목 옆에 있는 별표(☆)를 클릭하면 저장해서 사용할 수 있습니다.

❹ 오른쪽 플레이 버튼에 마우스를 갖다 대면 '라이선스' 항목이 나옵니다.

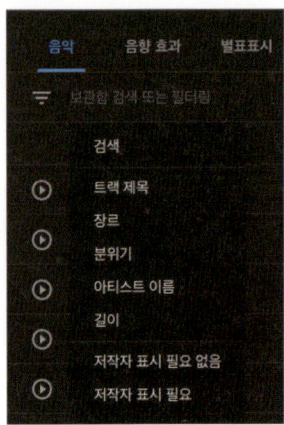
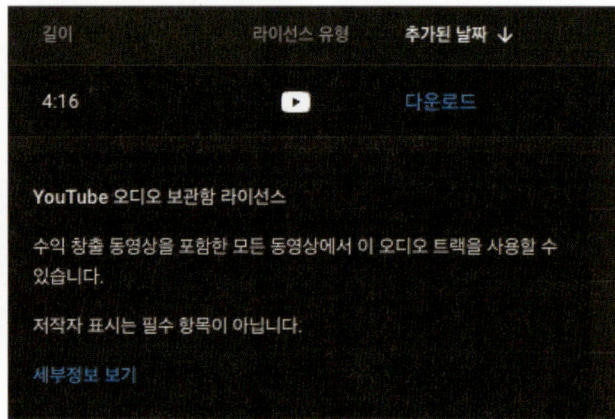

(2) Sell Buy Music

- 셀바이 뮤직: https://www.sellbuymusic.com/search/freebgm

셀바이 뮤직은 상업적으로 사용이 가능한 음악을 하루에 한 곡씩 무료로 제공합니다. 무료로 제공되는 음악은 YouTube 등 온라인 동영상 플랫폼, 1인 방송에서 사용 및 광고 수익 창출이 가능합니다.

(3) Bensound

- 벤 사운드: https://www.bensound.com/

벤 사운드는 저작권 없는 외국 음원 사이트입니다. 설정에서 'Free Music Only'를 활성화하면 사용가능한 무료 음원이 나옵니다. 단, 다운로드가 무료라고 해도 사용가능한 범위는 'License'를 확인하셔야 합니다.

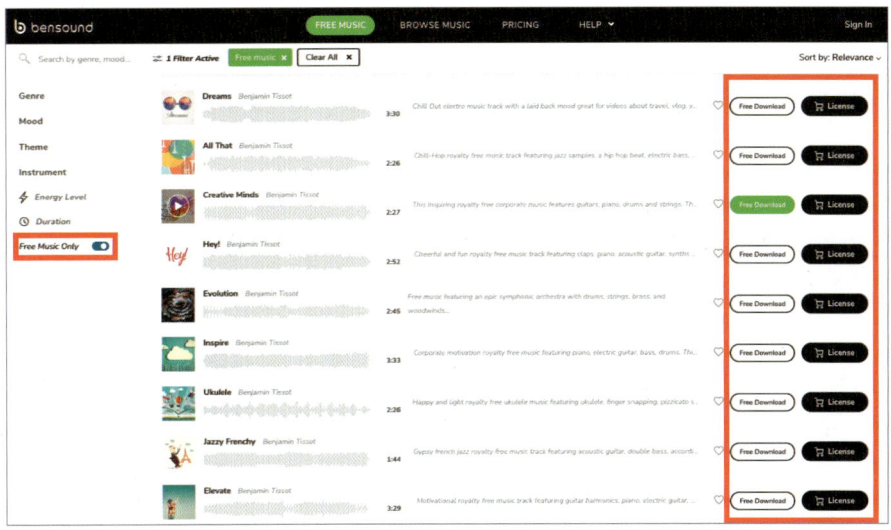

02

캡컷의 특수 효과

02-1
마스크 사용 방법

Capcut에서 마스크라는 기능은 영상의 특정 부분을 보여주거나 가리는 역할을 합니다. 직사각형, 원형 등 마스크 도형을 만들면, 마스크가 된 부분 이외의 영역은 투명한 상태가 되어 아래에 있는 영상이 보이게 되는 것이라고 생각하면 됩니다. 영상을 영상으로 가리는 방법과 영상 속에 사람이 따로 들어가는 두 가지 방법을 설명해 보겠습니다.

영상 속에 설명하는 인물 동영상 넣기

정보를 알려주거나 설명하는 롱폼 영상이나 Shorts에서 영상 한쪽에 설명하는 인물 동영상이 들어가 있는 것을 보신 적이 있을 겁니다. 인물이 나옴으로써 신뢰감을 줄 수 있고 조금 세련된 영상으로 보이게 됩니다.

1 새프로젝트를 눌러 갤러리에서 배경으로 사용할 영상을 불러옵니다.

2 아래쪽 편집 메뉴에서 '오버레이'를 누르면 'PIP(Picture In Picture) 추가' 항목이 나옵니다. 눌러서 마스크를 적용시킬 영상을 갤러리에서 선택하고 추가를 누릅니다.

3 처음 가져왔던 배경이 되는 영상 위에 새로 불러 온 영상이 올라 있는 것이 보입니다.

4 마스크를 적용할 영상 위치를 잡아주고, 편집 메뉴에서 '마스크'를 누릅니다.

5 원형 마스크를 선택해 보겠습니다.

6 원형 마스크는 두 가지로 조절할 수 있는데, 첫 번째는 원형 마스크를 누르면 조정이 나옵니다. 터치하면 위치, 회전, 크기, 깃털(투명도)을 조절할 수 있습니다.

7 다른 방법으로는 화면에 있는 마스크를 직접 터치해서 조절하는 방법입니다. 숫자 1은 마스크를 위·아래로 늘리고 줄이는 것이고, 숫자 2는 좌·우로, 숫자 3은 마스크 투명도를 조절하는 것입니다.

8 조절이 완료되면 마스크 효과가 적용된 영상이 완성됩니다.

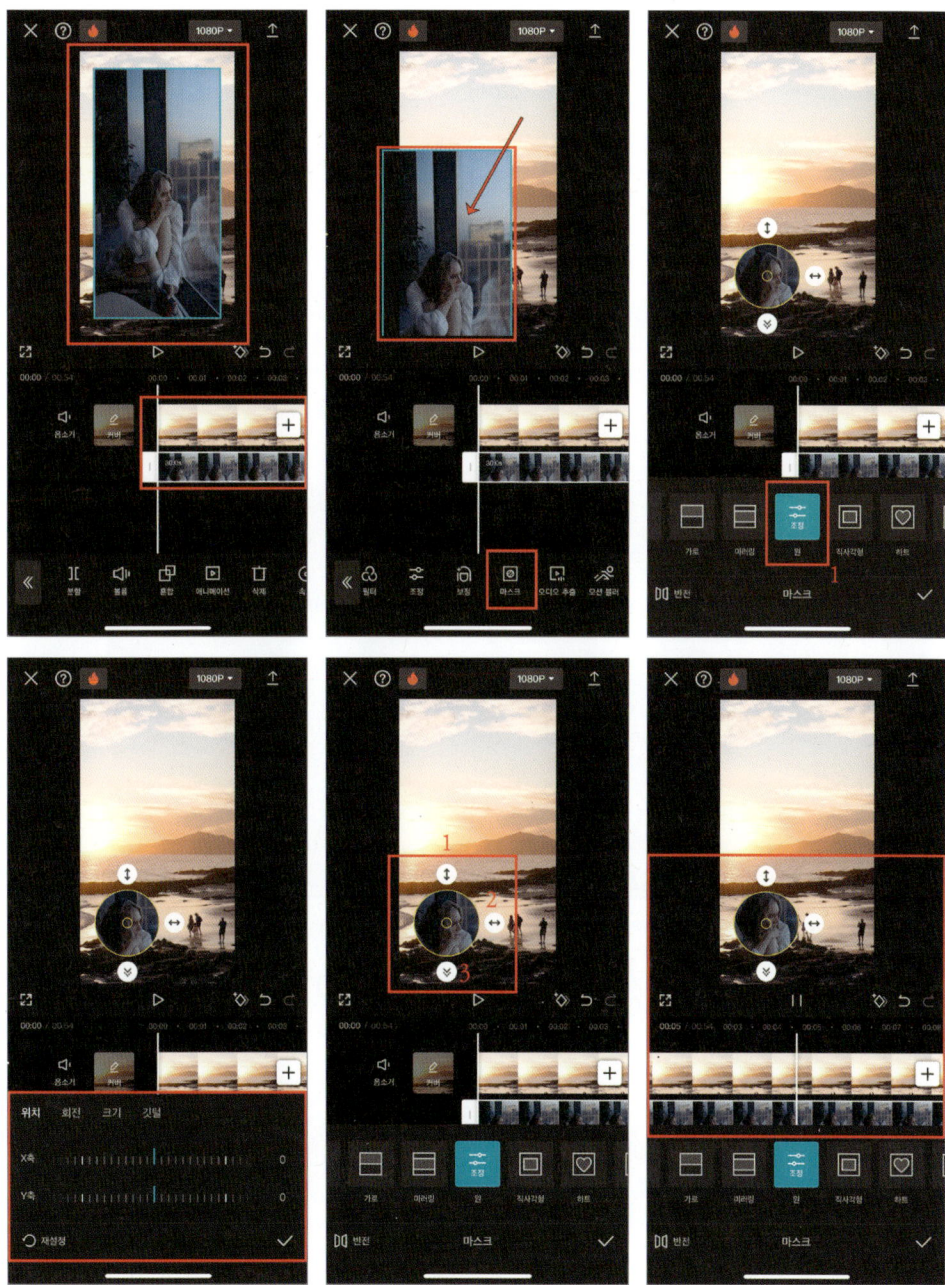

영상을 영상으로 가리기

전혀 다른 분위기의 영상을 한 영상에서 동시에 보여주고 싶을 때나 스토리 속 스토리를 만들고 싶을 때 사용할 수 있는 마스크 효과입니다.

1️⃣ 새프로젝트를 눌러 갤러리에서 배경으로 사용할 불꽃영상을 불러옵니다.

2️⃣ 아래쪽 편집 메뉴에서 '오버레이'를 누르면 'PIP(Picture In Picture) 추가' 항목이 나옵니다. 눌러서 마스크를 적용시킬 비 오는 영상을 갤러리에서 선택하고 추가를 누릅니다.

3️⃣ 처음 가져왔던 배경이 되는 영상 위에 새로 불러 온 영상이 올라 있는 것이 보입니다.

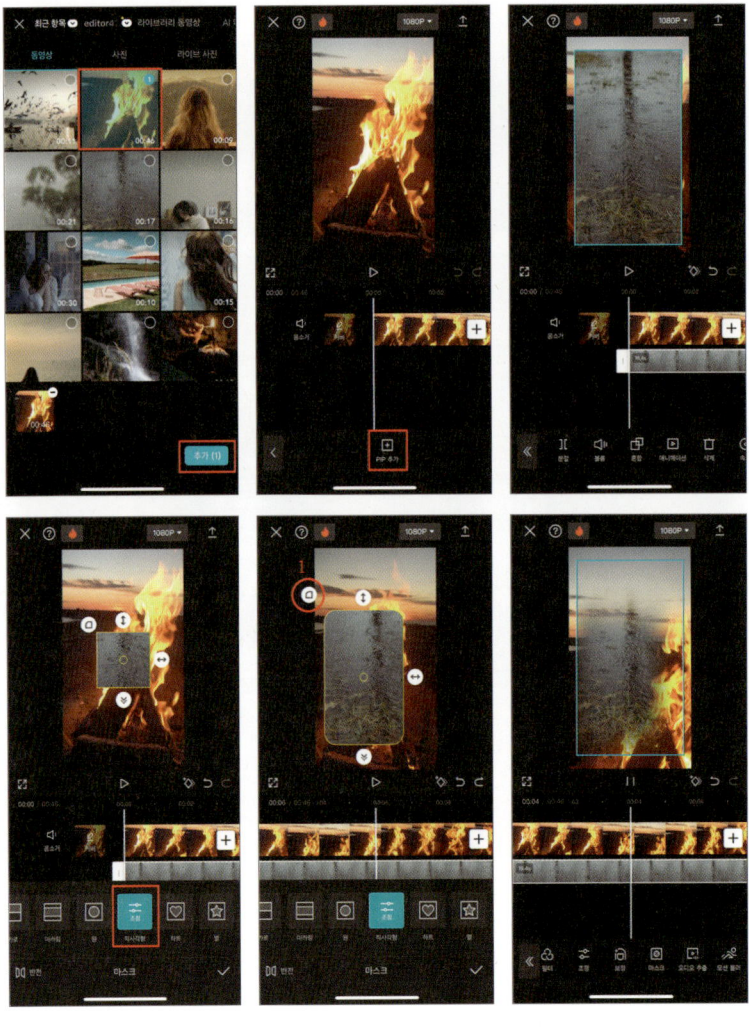

4 마스크를 눌러서 '직사각형'을 선택합니다.

5 숫자 1은 마스크 모서리를 곡선으로 부드럽게 만들어 주는 기능입니다. 원하는 곳에 영상을 놓고 투명도를 약간 조절했습니다. 모닥불 위로 호수에 비가 내리는 영상이 겹쳐서 보입니다.

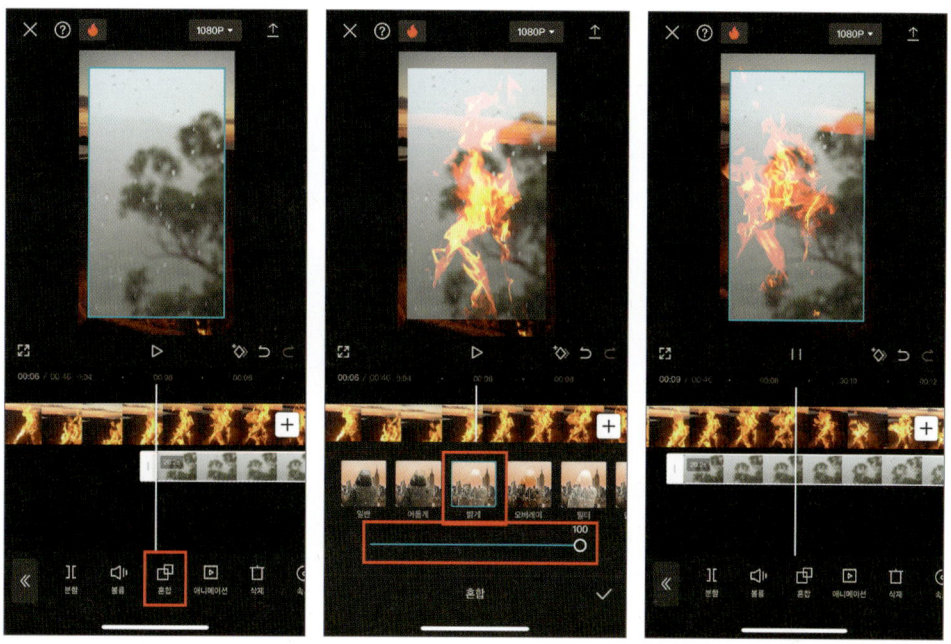

6 영상을 합치는 방법은 위 사진처럼 '혼합'을 이용하는 방법도 있습니다.

7 편집 메뉴에서 '혼합'을 선택합니다. 일반, 어둡게, 밝게, 오버레이, 필터 등 다양한 효과가 있습니다. 원하는 혼합 효과를 적용하고 아래에 있는 조절바를 움직여서 강도(투명도)를 조절합니다. 마스크처럼 다양한 도형을 사용할 수 없지만 간단하게 영상을 겹치는 방법입니다.

02-2
클론, 나를 복제하거나 지우는 방법

Shorts 영상에서 자주 보이는, 사람이나 동물이 달려오거나 달려가는데 그 사람의 모양이 그대로 영상에 잔상으로 남거나 사라지는 효과입니다. 대단한 기술이 있는 것 같지만 Capcut에서는 간단하게 만들 수 있습니다.

1. 새프로젝트를 눌러 편집에 사용할 영상을 불러옵니다(사람이나 동물이 달려오거나 멀어지는 영상을 미리 촬영해 놓으면 좋습니다. 샘플 영상에도 있습니다).
2. 아래 편집 메뉴에서 '스타일'을 선택합니다.
   오른쪽 끝에 있는 '동영상 효과'를 누르면 '클론 나가기'와 '클론 흡수하기'가 보입니다.
3. '클론 나가기'를 누르면 사람이 지나가는 길을 따라 일정 간격으로 프리즈(정지 화면)가 남습니다. 두 개의 프리즈 간격과 처음 프리즈가 시작되는 시간은 조절이 가능합니다.
4. '클론 흡수하기'를 누르면 달려가는 사람이 프리즈를 흡수하면서 지나갑니다.

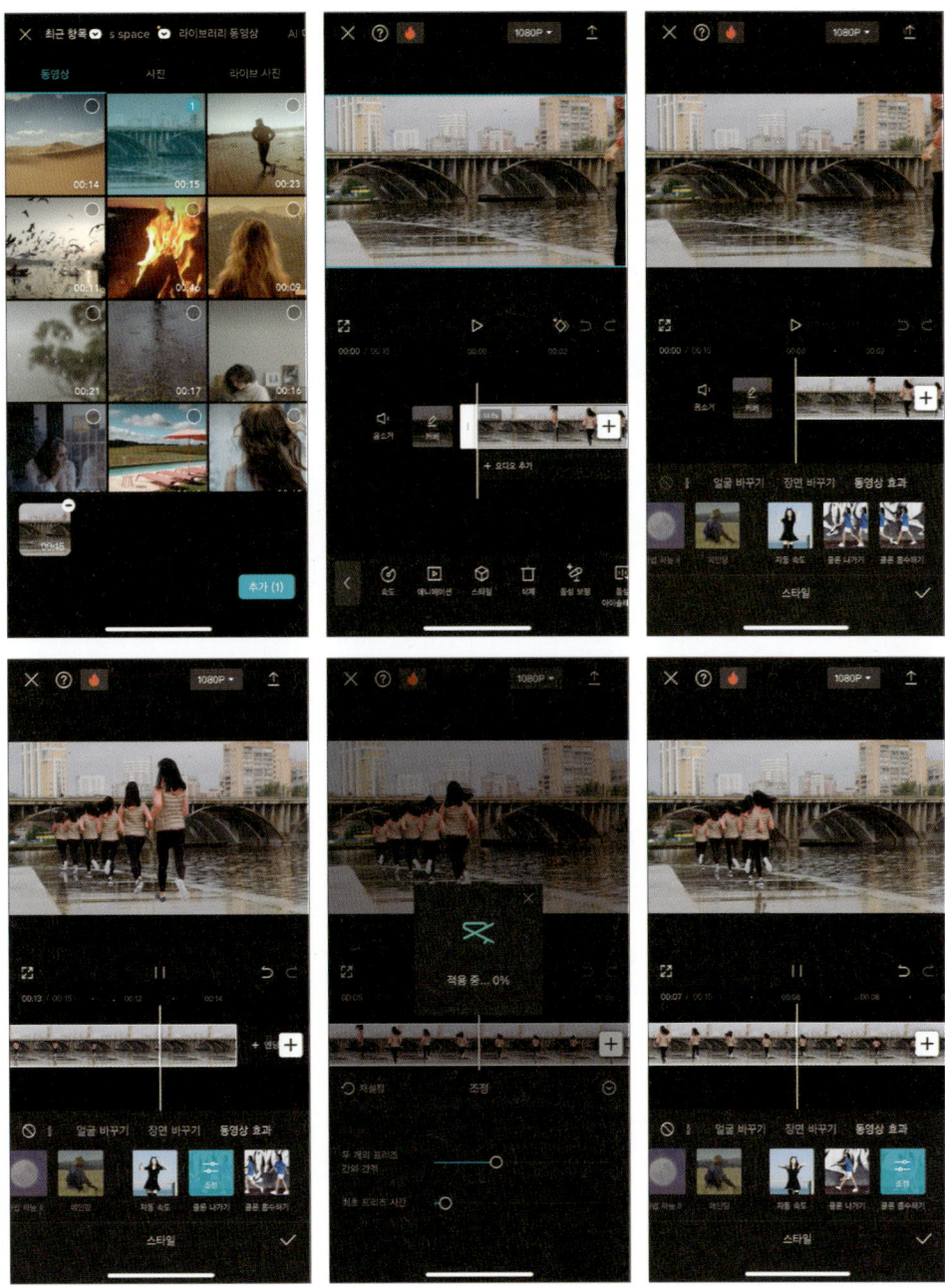

02-3
따라 다니는 영상과 자막, 트레킹

트레킹이란 PIP(Picture In Picture) 기능으로 영상위에 사진이나 자막, 다른 영상을 올려놓고 그것들이 영상 위에서 움직일 수 있도록 하는 효과입니다.

① 새프로젝트로 편집할 영상을 불러옵니다.

② 편집메뉴에서 '텍스트 추가'를 누릅니다. 테스트로 '트레킹'을 입력했습니다. 글꼴, 스타일, 효과 등을 조절합니다. 손으로 터치해서 자막이 화면에 나타나는 시간을 조절합니다.

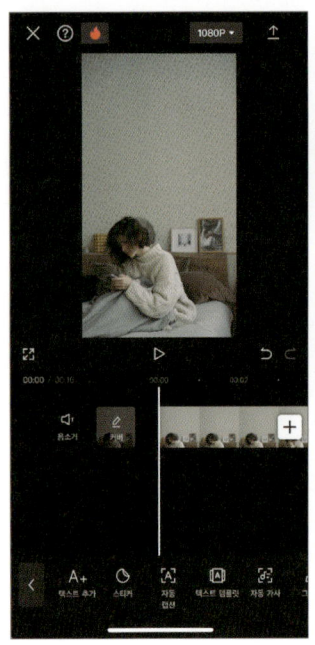 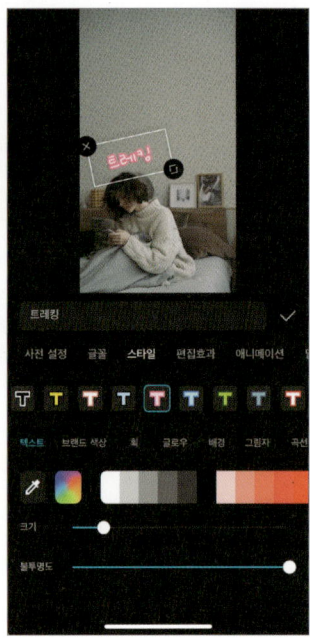 

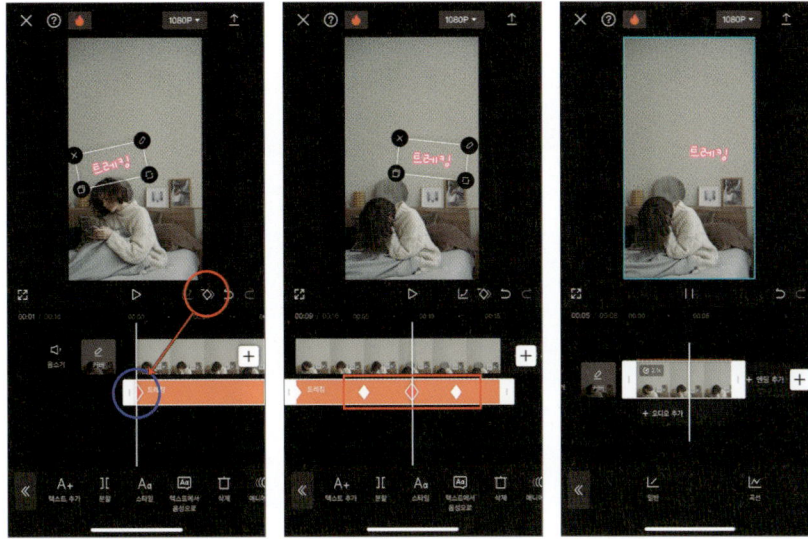

3 다이아몬드 표시(숫자 1)를 누르면 타임라인에 있는 자막 소스에 붉은색 삼각형 표시가 나타납니다. 트레킹이 적용됐다는 표시입니다. 손으로 재생화면에 있는 자막을 눌러 위치를 바꿔가면서, 위치를 바꿀 때마다 다이아몬드 표시를 누릅니다.

4 플레이 버튼(▷)으로 영상을 재생하면 화면을 떠도는 자막이 보입니다.

5 움직이는 사람이나 물체를 따라다니는 자막을 만들 수도 있습니다.

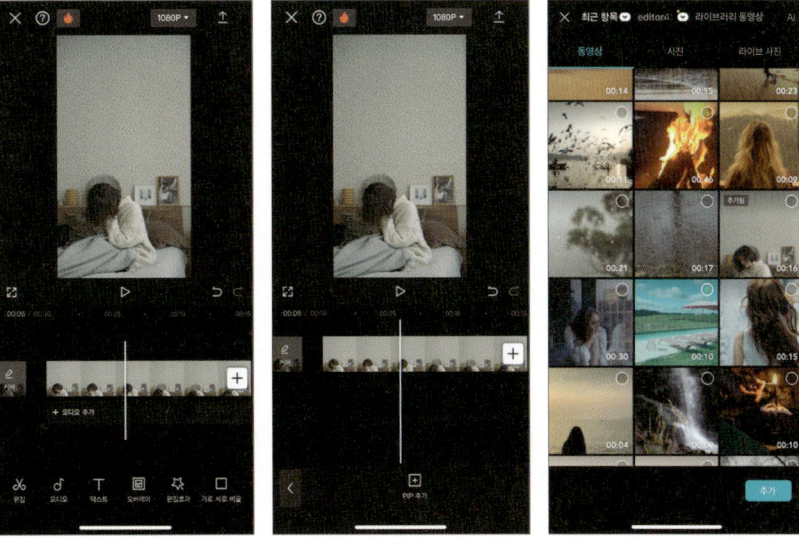

6 영상 속의 영상을 만들어 보겠습니다. 편집 메뉴에서 '오버레이/PIP 추가'를 누릅니다.

7 갤러리에서 원하는 영상을 선택하고 '추가'를 누릅니다.

8 불러 온 영상 크기는 두 손가락으로 양쪽에서 오므리거나 펴서 크기를 조절할 수 있습니다. 크기를 조절하고 위치를 잡습니다. 트레킹(⁺◇)을 누릅니다. 영상 위치를 변화하면서 변화할 때마다 트레킹을 누릅니다. 플레이 버튼(▷)으로 영상을 확인합니다.

02-4

사진으로 3D 입체영상 만들기

3D 줌 효과는 평면적인 사진을 3D처럼 입체적으로 보이게 하는 효과입니다. 사진으로 영상을 만들면 평면적인 느낌의 영상이 됩니다. 이때 사진들을 완벽하지는 않지만 간단하게 입체적으로 만들 수 있습니다.

1 갤러리에서 편집에 사용할 사진(이미지)을 선택합니다.

2 편집 메뉴에서 '스타일'을 선택합니다. 스타일 효과 중 '3D Pro'를 선택합니다.

3 각각의 이미지에 효과를 적용합니다. 플레이버튼(▷)으로 영상을 확인합니다.

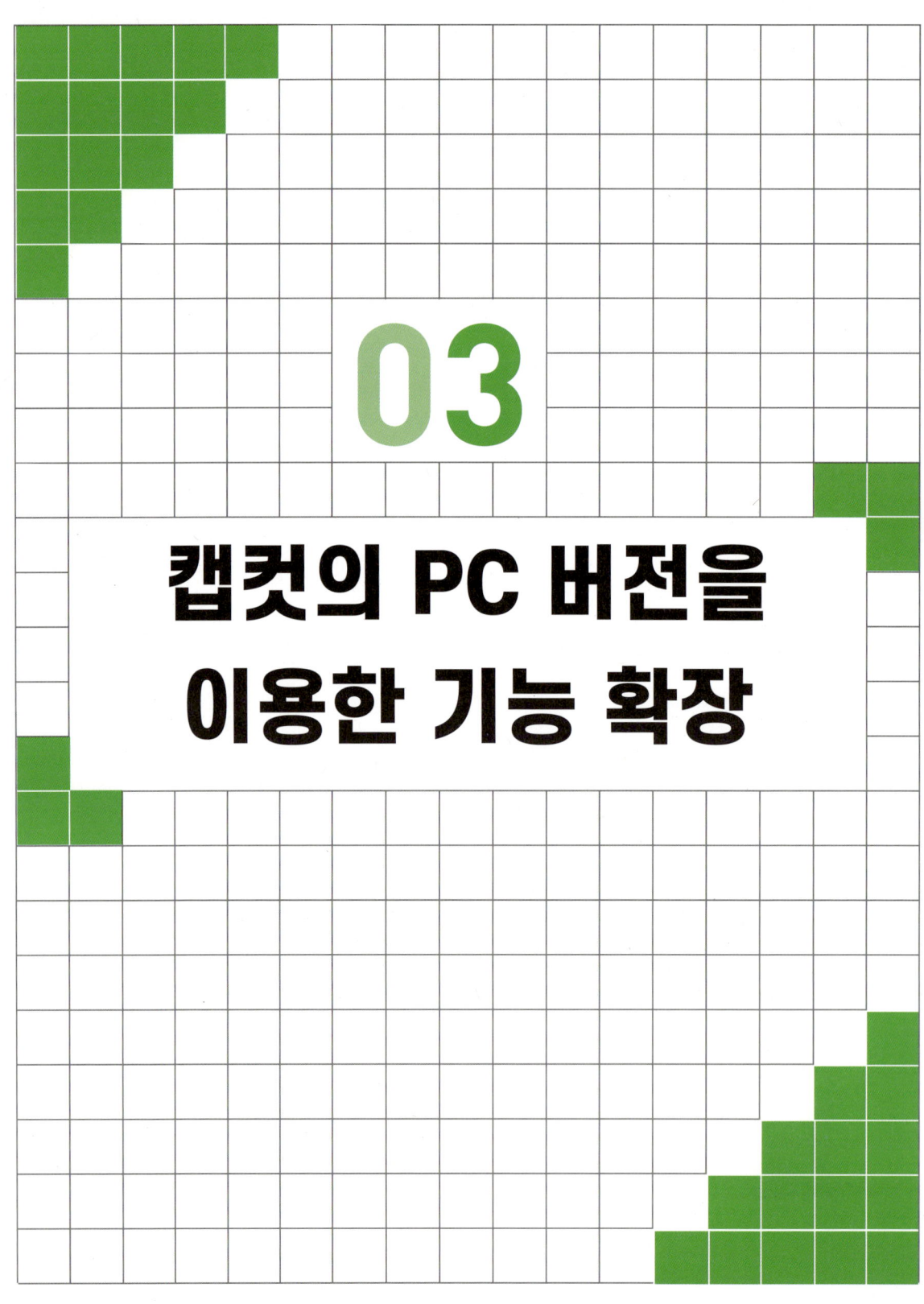

03
캡컷의 PC 버전을 이용한 기능 확장

03-1

캡컷 PC 화면 인터페이스 메뉴 설명

Capcut은 스마트폰뿐만 아니라 PC 버전을 제공하고 있습니다. 내 PC에 맞는 Capcut은 이미 앞에서 설치 방법을 말했습니다. 여기서는 실행한 후 인터페이스와 메뉴들에 대해서 자세하게 알아보겠습니다.

Capcut을 실행하고 새 프로젝트를 선택하면 아래 그림 같은 초기 화면이 나타나고, 영상 편집에 필요한 각종 인터페이스들이 있습니다. 조금 복잡해 보이지만 메뉴가 어떻게 구성되는지에 대해서 알면 그렇게 어려운 것도 아닙니다. 모든 영상 편집 툴의 인터페이스는 사진과 같은 구조를 기본으로 가지고 있습니다.

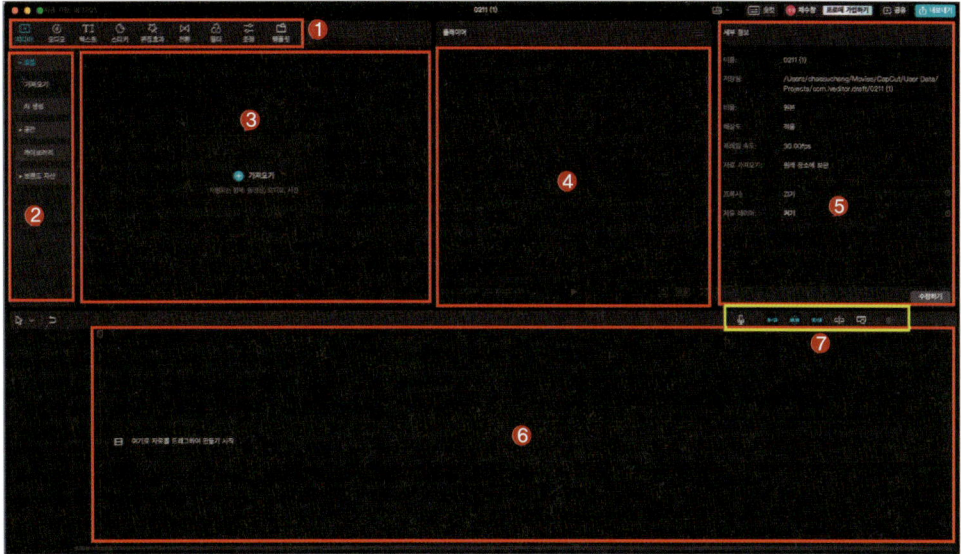

Capcut PC 화면 인터페이스

메뉴 구성

메뉴 구성은 숫자 ❶번에서 메뉴를 선택하면 숫자 ❷번에 세부 메뉴가 나오고, 숫자 ❷번의 메뉴를 선택하면 숫자 ❸번에 세부 메뉴가 나타납니다. ❸번에 있는 소스를 끌어 오거나(Drag Drop) '+' 버튼을 누르면 숫자 ❻번의 타임라인에 영상 소스들이 추가되는 방식입니다. 타임라인에 적용된 효과들이 숫자 ❹번의 재생 화면에서 미리보기 할 수 있습니다. ❻번 타임라인에 있는 영상, 오디오, 자막 등을 선택하면 세부 조절이 가능한 메뉴가 ❺번에 나타납니다. 노란색의 박스 숫자 ❼은 영상 클립 등의 자석 기능으로 항상 활성화 시켜두시는 것이 좋습니다.

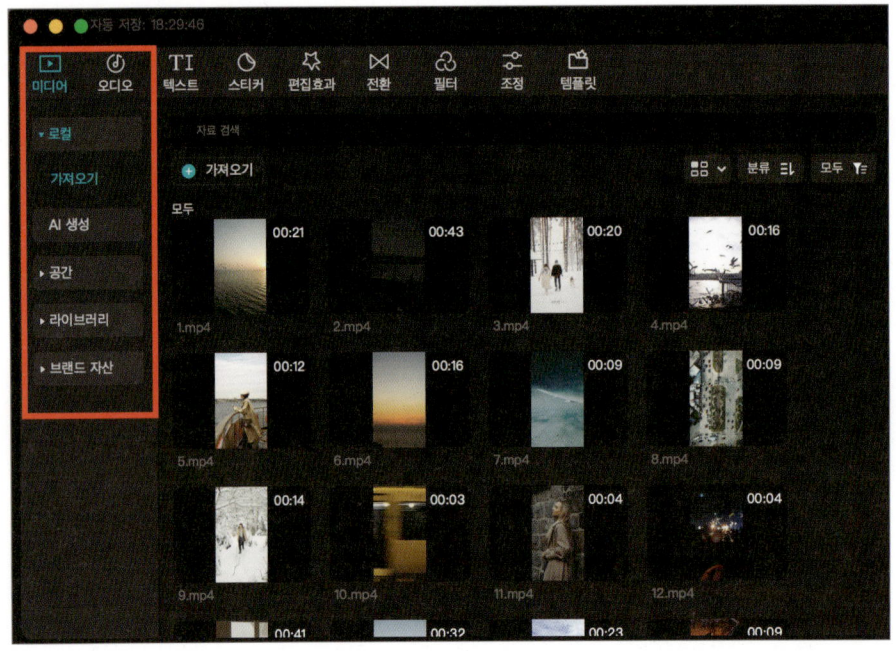

(1) 미디어 : 영상 소스를 Capcut으로 가져오는 메뉴입니다. 세부 메뉴는 로컬, AI 영상, 공간, 라이브러리, 브랜드 자산으로 구성되어 있습니다. 로컬은 내 PC에서 영상을 가져오는 것이고, AI 영상은 인공지능으로 영상을 만드는 것, 공간은 내가 Capcut을 가입할 때 만든 저장공간에서 가져오는 것, 라이브러리는 Capcut에서 제공하는 짧은 영상입니다.

(2) 오디오 : 음악 및 각종 사운드 효과를 가져오거나, Capcut에서 제공하는 오디오 효과를 사용하는 공간입니다. 세부 메뉴는 음악, 음향 효과, 저작권, 추출된 오디오, TikTok, 브랜드 음악이 있습니다.

(3) 텍스트 : 영상에 필요한 각종 텍스트 효과를 넣을 수 있습니다. 또한 영상에 포함된 음성을 자동으로 자막으로 변환시켜 주는 자동 자막 기능이 있습니다. 세부 메뉴는 자동 캡션, 로컬 자막, 텍스트 추가로 구성되어 있습니다.

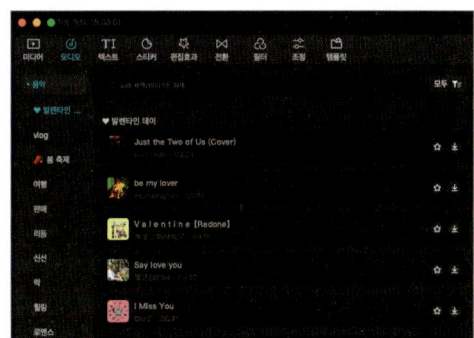
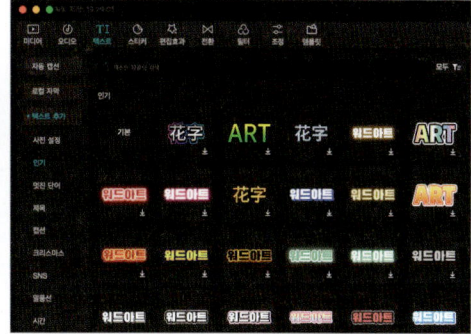

(4) 스티커 : 영상을 편집할 때 사용할 수 있는 여러 가지 스티커가 있습니다. 다양한 종류의 스티커가 있으며, 잘 사용하면 재미있는 영상을 만들 수 있습니다.

(5) 편집 효과 : 영상을 편집할 때 사용할 수 있는 각종 효과들이 있습니다. 이 외에도 스마트폰 Capcut에도 있는 영상 전환 효과, 필터와 템플릿이 있습니다.

(6) 조정 : 영상이나 이미지를 색 보정을 통해서 다양한 효과를 줄 수 있으며, 외부 LUT(Look-Up Table)도 가져와서 사용할 수 있습니다. 영상 색상 보정을 할 때 LUT를 적용해서 색상을 쉽고 빠르게 변경이 가능하고 원하는 색상 효과를 얻을 수 있습니다.

구성	설명
의미	영상 편집 프로그램에서 사용되는 도구로서 입력 색상 값을 출력 색상 값으로 변환하는 것
목적	컬러 그레이딩 : 원하는 시각적 효과나 스타일 구현 컬러 보정 : 색조, 채도, 명도 등 조절로 영상 보정
사용방법	영상 편집프로그램 컬러 그레이딩 또는 컬러 보정 패널에서 사용. 사용자가 직접 LUT 생성 가능

1) LUT 사용 방법 : LUT는 입력된 카메라의 색상 값(RGB)을 다른 색상 출력값(RGB)으로 변환해서 최종 출력물에 다른 느낌을 주는 도구입니다. 컬러 그레이딩(보정)에 사용됩니다.

2) Capcut PC에서 LUT 추가 하기 : Capcut PC에서 LUT 추가하는 방법은 '조정'에서 LUT를 선택하고 '가져오기'하면 됩니다. 탐색기를 이용해서 열기나 끌어오기(Drag and Drop)로 추가할 수 있습니다.

• **제공 : 무료 LUT 자료 별도 첨부(200개 이상)** : 컬러 보정에 매우 유용한 200개 이상의 LUT가 무료로 제공됩니다. LUT 자료 다운로드 방법은 이 책의 5쪽 책 소스 다운로드 방법을 참고합니다.

3) LUT 사용 방법 : LUT 사용 방법은 간단합니다. 컬러 그레이딩을 할 영상을 먼저 타임라인에 불러 온 다음, 적용할 LUT를 끌어다가 타임라인에 얹으면 됩니다. 길이는 마우스로 양 옆을 끌어서 맞출 수 있습니다.

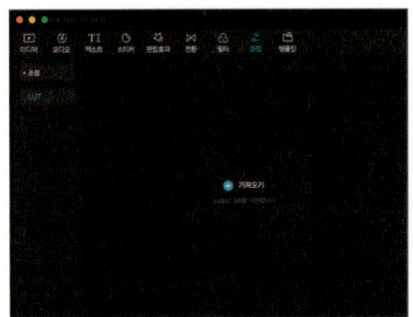

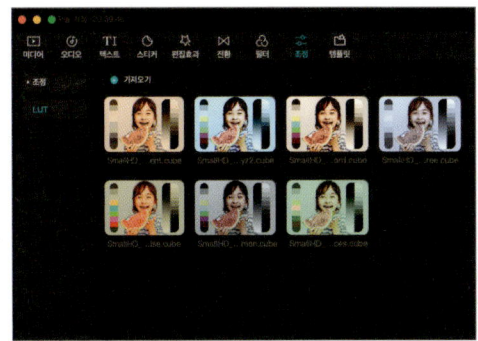

캡컷 PC 버전 단축키

Capcut을 PC에서 사용하면서 스마트폰처럼 손가락으로 조절할 수 있는 것이 아니라 마우스로 해야 하므로 불편한 점이 있습니다. 이럴 때 시간을 단축해 주는 것이 바로 단축키입니다. 메인 화면에서 오른쪽 내 이름 옆에 있는 '숏컷'을 클릭하면 내 PC(Window, Mac)에 맞는 단축키가 나옵니다. 기본값으로 그대로 사용할 수도 있고, 단축키가 있는 곳을 클릭해서 내가 원하는 값으로 변경도 가능합니다(단축키가 충돌되었다고 나와도 무시하고 '덮어쓰기'를 하고 저장하면 변경이 됩니다).

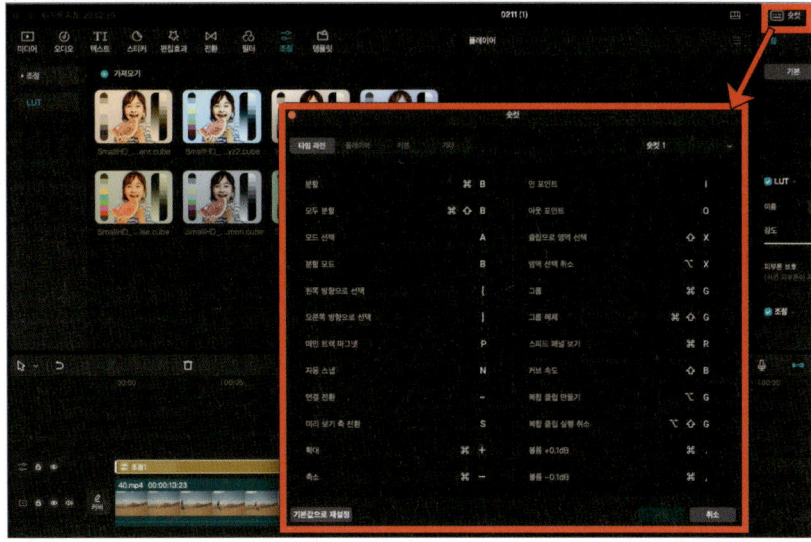

PART
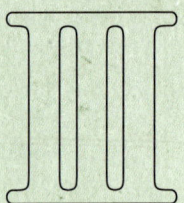

숏폼으로
수익 창출하기

01 틱톡 필터 만들기
02 수익 창출하기

01

틱톡 필터 만들기

틱톡(TikTok)에서는 누구나 필터를 제작하고 수익을 창출할 수 있는 플랫폼 'Effect House'를 공식적으로 발표했습니다. 만 18세 이상의 사용자라면 누구나 'Effect House'를 다운로드 받아 필터를 제작할 수 있습니다. 사용자들에게는 다양한 필터를 통해 영상을 만드는 재미를 더하고, 크리에이터들에게는 자신만의 창의력으로 수익을 얻을 수 있는 기회를 보장하는 것입니다.

Effect Creator Reward는 TikTok이 AR(증강현실)을 활용한 필터를 제작하는 창작자들에게 다양한 수익을 지원하는 프로그램입니다. 처음 보상을 받을 수 있는 '자격' 요건이 까다로워서 많은 분들이 관심을 두지 않았었습니다. 하지만 TikTok은 골드 배지 기준을 달면 수익조건에 맞도록 변경했습니다. 또한 필터가 50만 건의 영상에 사용됐을 때만 지급하던 보상 기준도 20만 건으로 완화했습니다.

항목	완화내용
골드배지	5개 필터 게시 중 3개 필터가 1,000 건의 영상에 사용되면 됨
보상기준	AR 필터가 20만 건의 영상에 사용될 것
예상수익	20만 건 = 필터 하나당 최대 14,000달러

(1) Effect House 설치하기

1️⃣ 아래 링크에서 내 PC에 맞는 Effect House를 다운로드 받습니다. 최소 PC 사양을 충족해야 잘 작동되니까, 본인 PC 사양을 확인하시고 다운로드 받으세요.

- Effect House 다운로드 링크

    https://effecthouse.tiktok.com/?lang=ko-kr&enter_from=tiktok-login

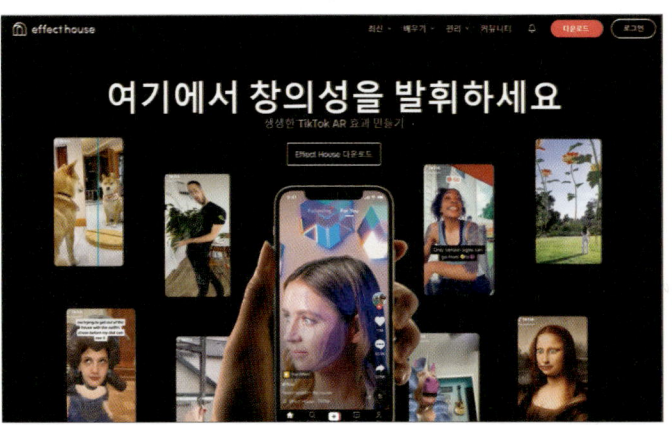

- PC 최소사양 확인

Windows 최소 사양	
운영체제	Window 10(64 비트)
메모리	4 GB
CPU	SSE2 지원 포함 × 64 아키텍쳐/Intel Core i3 2.5Ghz/ AMD Radeon HD 6450
GPU	DX11 지원/Intel HD Graphic 4000/Nvidia Geforce 710/ AMD Radeon HD 6450
모니터 해상도	1280 × 768

Mac 최소 사양	
운영체제	Mac OS 10.15+
메모리	4 GB
CPU	Intel Core i3 2.5Ghz/AMD FX 4300 2.6 Ghz/ Apple M1
GPU	Intel HD Graphics 4000/Nvidia GeForce 710/ AMD Radeon HD 6450
모니터 해상도	1280 × 768

(2) 틱톡 계정 연결시키기

앞에서 만들었던 틱톡(TikTok) 계정을 Effect House와 연결시켜야 합니다.

1 프로그램을 다운로드하고 실행시키면 아래와 같은 화면이 나옵니다.

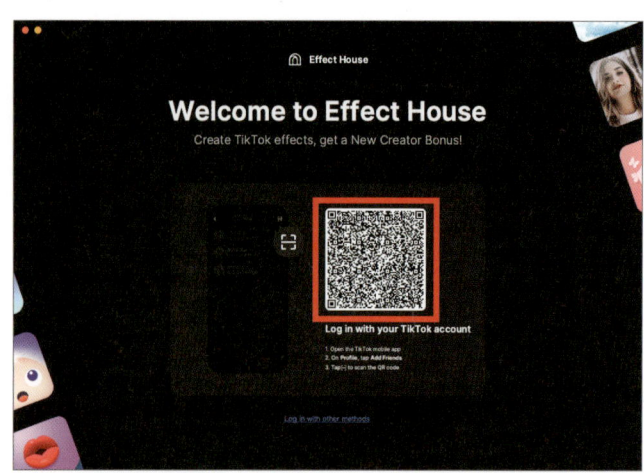

2️⃣ 스마트폰에서 TikTok 어플을 켭니다. 내 프로필에 들어가서 오른쪽 상단에 있는 설정을 클릭합니다. '내 QR 코드'를 클릭해서 PC에 있는 QR 코드를 스캔하면 됩니다.

3️⃣ 편집을 할 수 있는 메인 화면이 나옵니다.

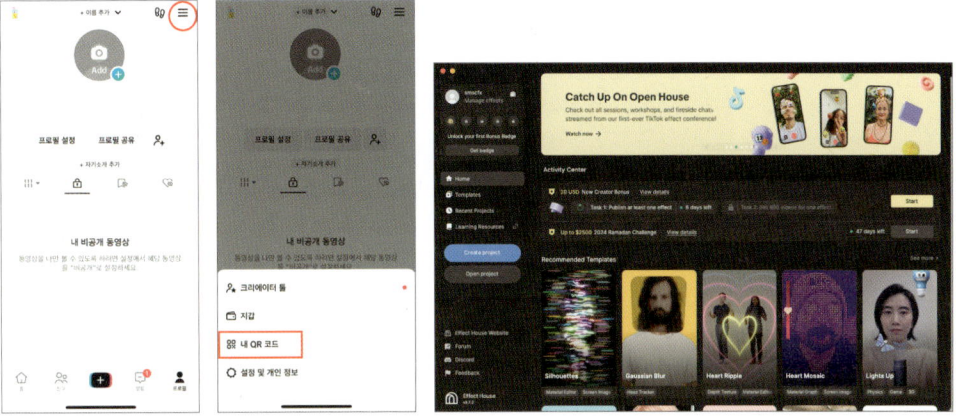

(3) 나만의 편집 효과 필터 만들기

1️⃣ 왼쪽 메뉴에서 파란색으로 활성화 된 'creator project'를 클릭합니다.

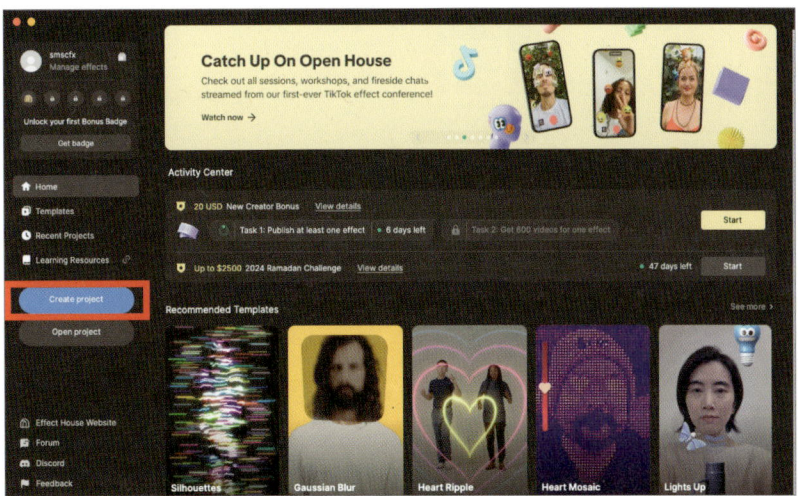

2️⃣ 필터 중에서 가장 간단한 스티커를 만들어 보겠습니다. 이미지를 만들 수 있는 프로그램은 여러 가지가 있지만, 많이 사용하는 'Canva(캔바)'를 사용해서 스티커 디자인을 만들겠습니다.

❸ 캔바 사이트에 회원 가입합니다. 다음 캔바 사이트 주소 또는 QR 코드로 접속합니다.

https://www.canva.com/ko_kr/

❹ 캔바 홈 화면에서 위쪽에 있는 '추천 디자인 기능/스티커'를 누릅니다. 다음 화면에서 '스티커 만들기'를 누릅니다. 스티커 제작 작업 화면이 나옵니다.

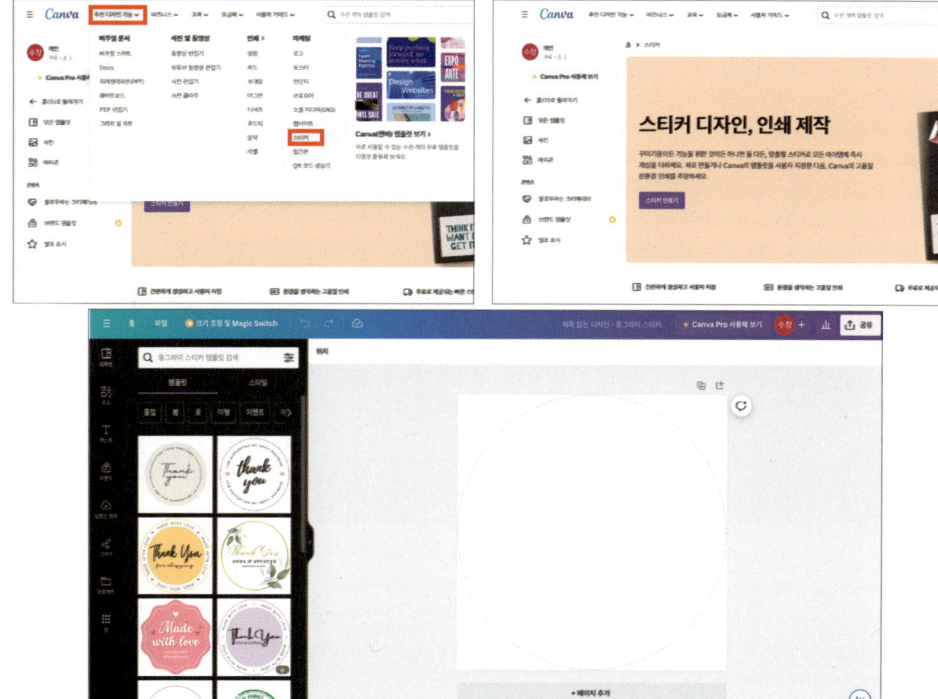

5 테스트로 만드는 것이니까 아무 템플릿이나 선택합니다. 스티커가 완성되면 오른쪽 상단의 '공유'를 눌러서 아래쪽에 있는 '다운로드'로 저장합니다. 이때 주의할 점은, 저장할 때 반드시 바탕이 투명한 'PNG' 파일로 저장해야 합니다.

6 왼쪽 중간쯤에 있는 'ASSETS'에서 '+'를 눌러 'Import/From Computer'를 클릭해서 캔바에서 만든 스티커 이미지를 불러옵니다. ASSETS 아래쪽에 있는 'Import'를 누르셔도 폴더가 바로 열립니다. 파일을 선택합니다.

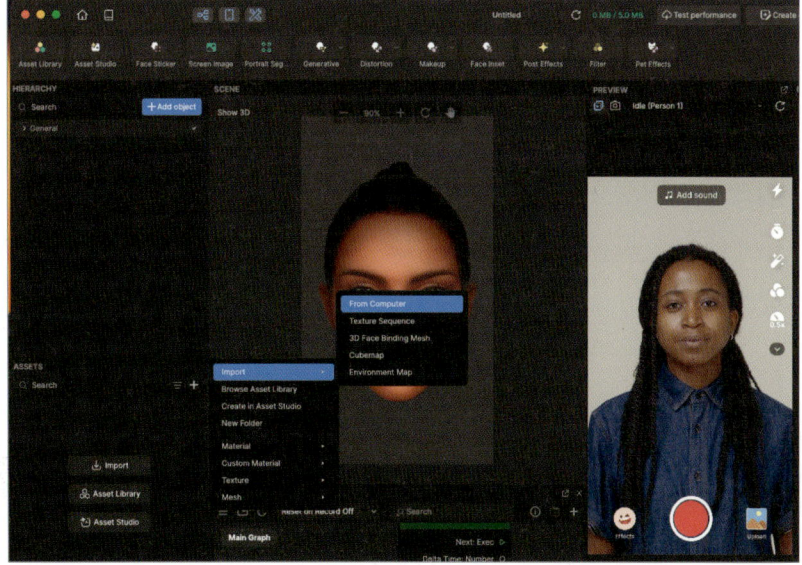

Part Ⅲ _ 숏폼으로 수익 창출하기 • 175

7 왼쪽 ASSETS 아래쪽에 불러들인 파일이 보입니다(숫자 1). 해당 파일을 클릭하면 맨 오른쪽 아래에 이미지가 보입니다(숫자 2). 보이는 스티커 이미지 바탕이 검은색이면 투명한 PNG 파일로 저장이 잘 된 것입니다. 만약 바탕이 흰색으로 보이면(숫자 3) 다른 형식(JPG)으로 저장된 것이니 캔바에서 다시 다운로드 받아야 합니다(캔바에서 바탕이 투명한 PNG 파일로 저장하시려면 유료 버전을 사용해야 합니다. 캔바 유료버전이 부담 가신다면 다운로드 받은 파일을 포토샵으로 불러와서 배경을 지운 다음 PNG로 저장하는 편법도 있습니다).

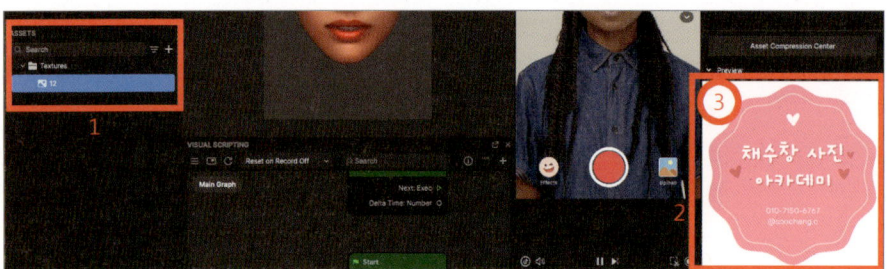

8 왼쪽 위에 있는 'HIERARCHY' 오른쪽에 있는 '+Add object' 버튼을 눌러서 'Face Effects/Face Sticker'를 누릅니다.

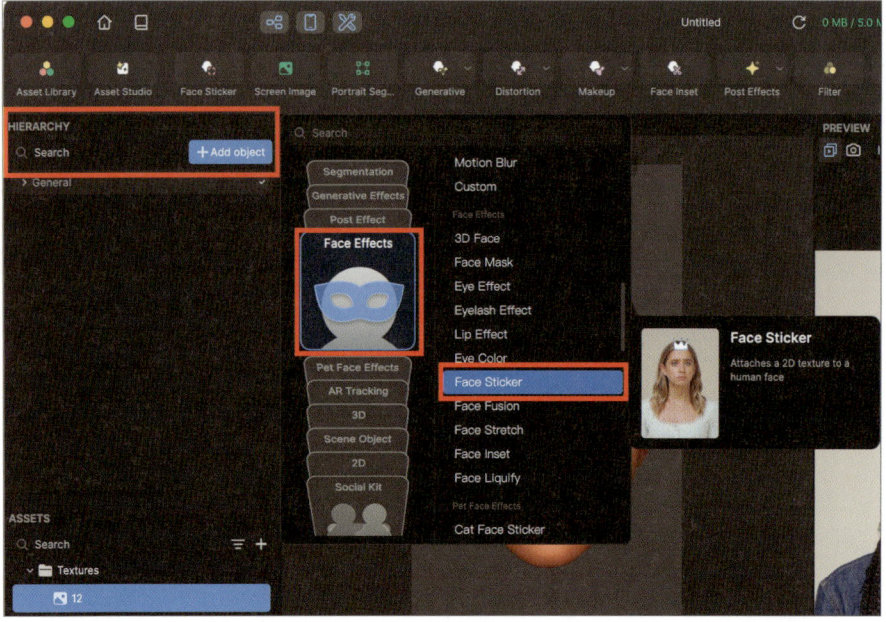

9 여자 얼굴 위에 회색 사각형이 생긴 것이 보입니다.

10 화면 오른쪽에 있는 INSPECTOR 중간쯤에 있는 'Image/Texture'에 있는 회색 박스를 누릅니다. 그러면 불러 왔던 스티커 이미지를 선택할 수 있는 창이 나타납니다. 이미지를 선택하고 'OK'를 누르면 여자 얼굴에 스티커가 적용된 것이 보입니다.

11 스티커는 네 모서리의 점을 눌러서 크기를 조절할 수도 있고, 가운데 점을 클릭해서 원하는 위치에 배치할 수 있습니다.

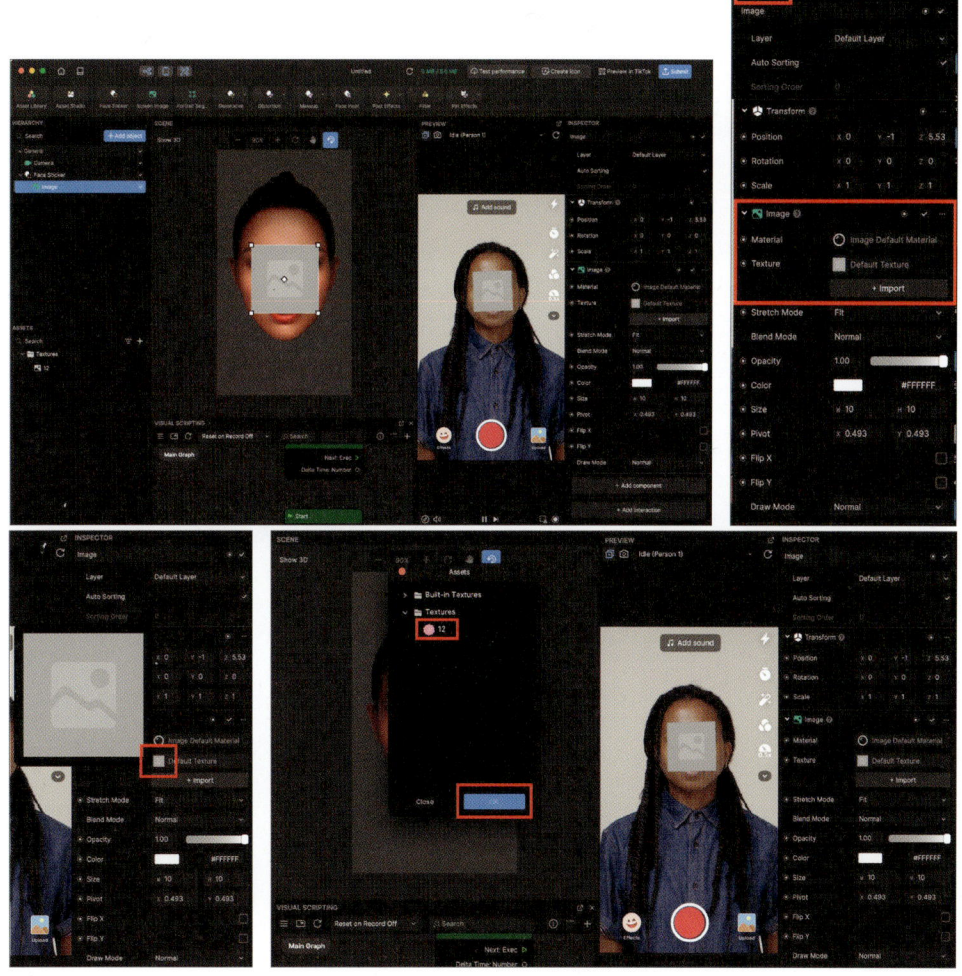

Part Ⅲ _ 숏폼으로 수익 창출하기 · 177

12 작업이 완료되면 오른쪽 상단에 있는 파란색 버튼 'Submit'를 눌러서 승인 요청을 합니다.

13 승인 요청을 하면 만든 스티커에 대한 기본 정보를 설정할 수 있는 창이 나타납니다.

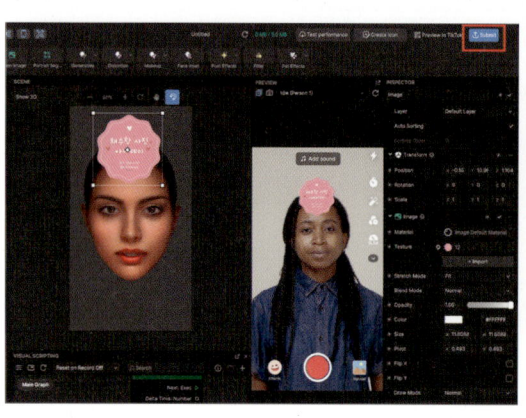
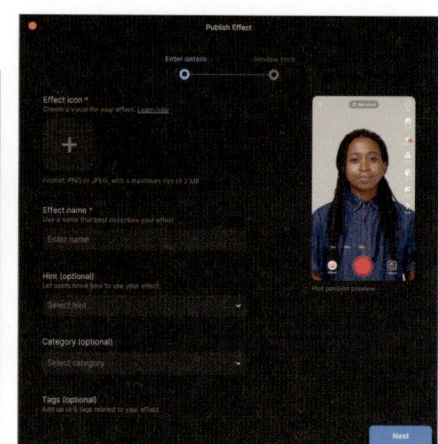

178 숏폼, 영상 편집제작 및 수익창출 with 캡컷·생성형 AI까지

14 Effect Icon을 눌러 스티커에 대한 대표 아이콘을 설정합니다. Effect Name 창에 스티커에 대한 이름을 설정합니다. 나머지는 선택사항입니다.

15 대표 아이콘을 설정하고 스티커 이름을 정했습니다. 'Next'를 눌러서 승인 요청 최종 창으로 넘어갑니다. 'Submit'을 누릅니다.

16 'Your effect has been submitted!(이펙트가 제출 되었습니다)'라고 화면이 뜹니다.

17 오른쪽 아래에 있는 'Manage Effect'를 눌러서 '효과 관리' 사이트에 접속합니다.

18 내가 만든 필터에 대한 관리를 할 수 있으며, 위 링크에 들어가서 학습이나 기술적인 도움 등을 받을 수 있습니다.

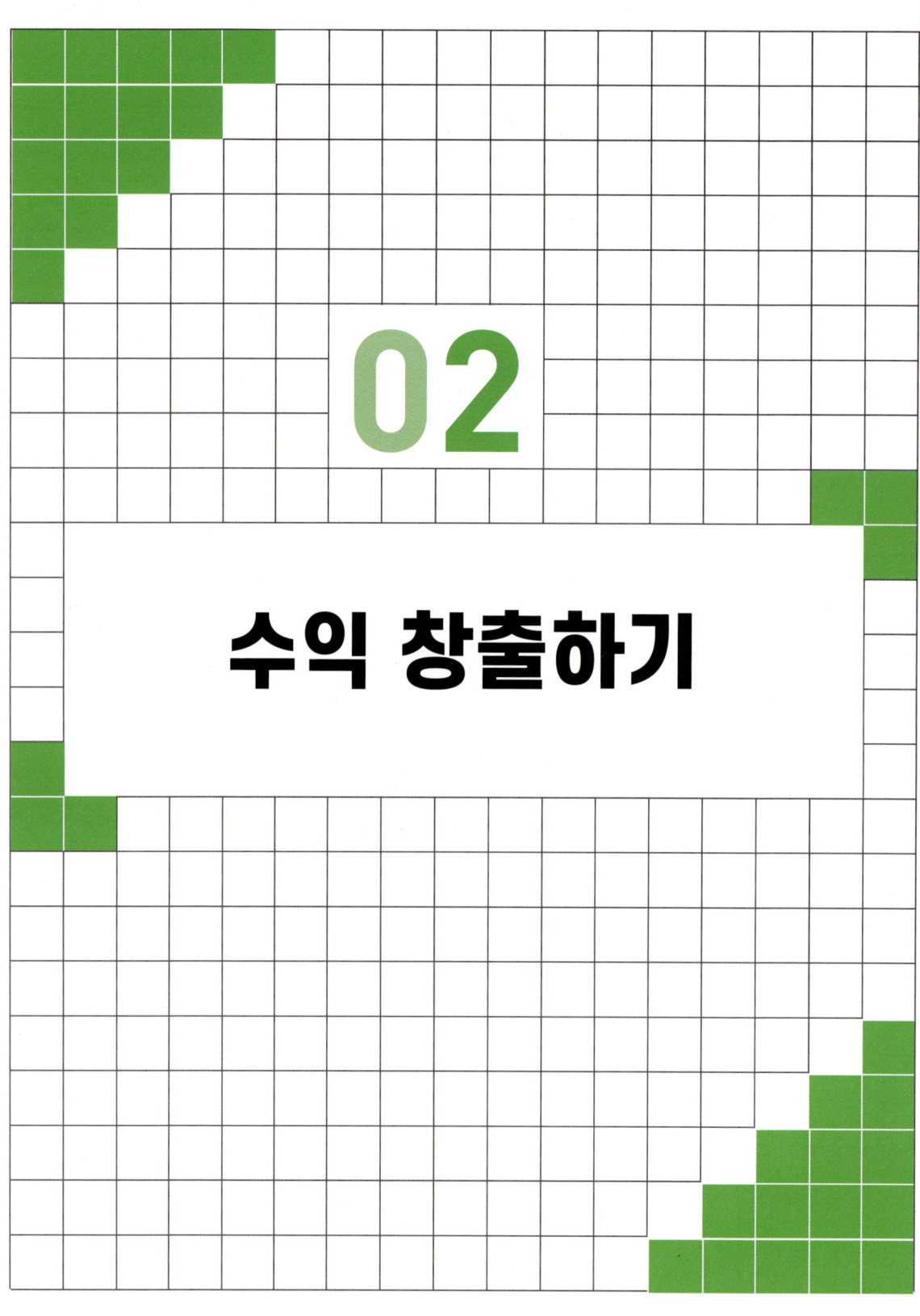

02

수익 창출하기

내가 만든 편집 효과 필터로 수익을 창출하기 위해 수익 창출할 수 있는 조건 및 신청 방법 등을 알아보겠습니다.

1️⃣ Manage Effect 사이트에 아래 링크 주소 또는 QR 코드로 접속합니다.

Manage Effect 사이트(https://effecthouse.tiktok.com/learn/guides/getting-started/introduction-to-effect-house?enter_from=management)

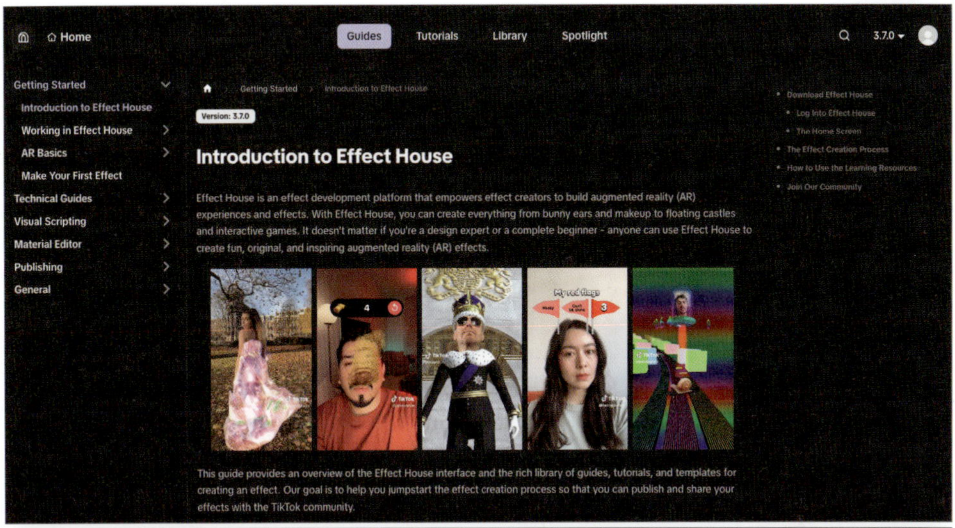

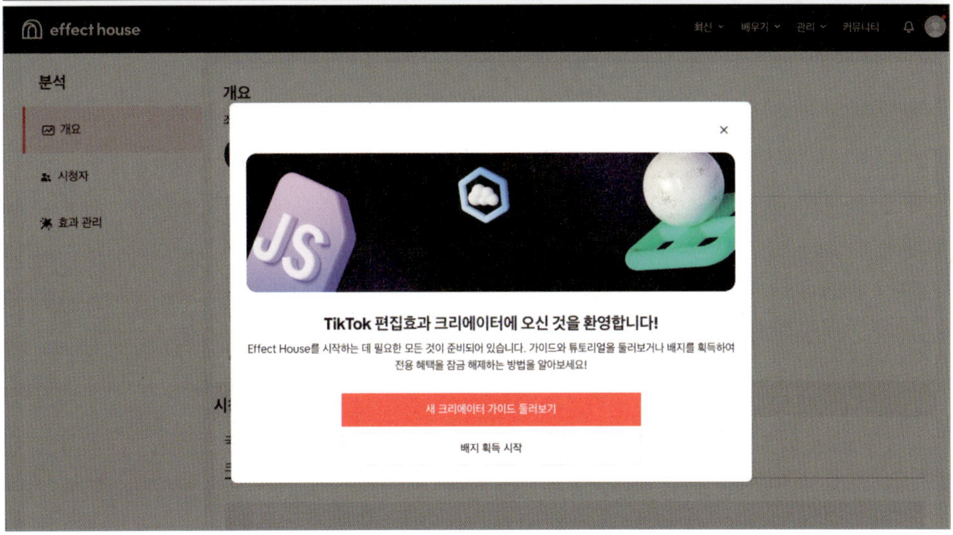

2️⃣ 'Submit' 승인 요청이 완료되면, Effect House (https://effecthouse.tiktok.com/)에 들어가서, '관리/내 편집 효과'에 들어가시면 조회 수, 시청자, 효과 관리 볼 수 있습니다(당연히 바로 만들고 올리면 깨끗한 화면만 나오겠죠).

3️⃣ 내 편집 효과 맨 아래쪽에 있는 '편집 효과 크리에이터 리워드'를 누르면, TikTok 편집 효과로 수익 창출할 수 있는 조건 및 신청 등을 할 수 있습니다.

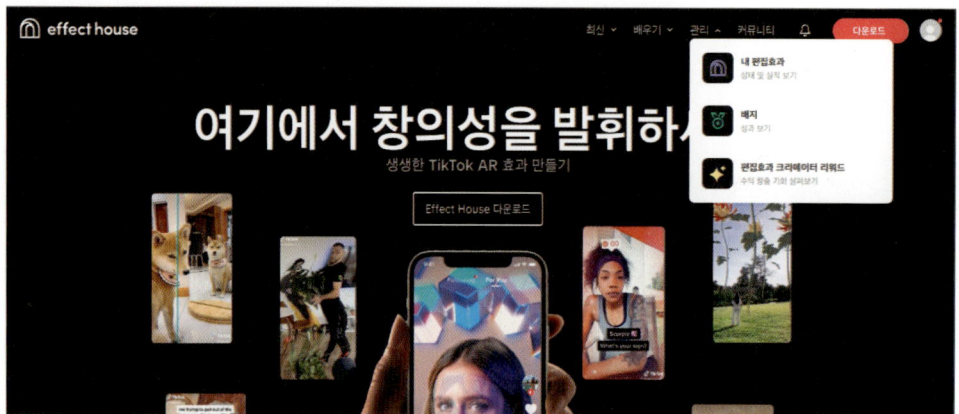

4️⃣ 편집 효과 크리에이터 리워드 신청

- 만 18세 이상
- 호주, 브라질, 캐나다, 핀란드, 프랑스, 독일, 인도네시아, 아일랜드, 이탈리아, 일본, 대한민국, 말레이시아, 네덜란드, 필리핀, 폴란드, 스페인, 영국, 미국 등
- 편집 효과를 5개 이상 게시하였으며 각각 동영상 1,000개에서 사용된 편집 효과를 3개 이상 소유한 골드, 플래티넘, 다이아몬드 배지 크리에이터
- 세금 및 결제 설정 완료

신청하면 회원님은 만 18세 이상이며 편집효과 크리에이터 리워드 약관에 동의했음을 확인하는 것입니다.

MEMO

PART

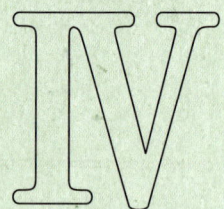

생성형 AI를 활용한 숏폼 제작

01 생성형 AI가 바꾸는 영상 제작 패러다임
02 숏폼 영상 기획 및 아이디어, 이미지 생성 AI 도구 살펴보기
03 생성형 AI를 활용한 숏폼 영상 기획 및 스토리보드, 이미지 생성하기
04 자막, 음악, 편집을 위한 AI 도구 활용
05 영상 제작 AI 도구 활용

01
생성형 AI가 바꾸는 영상 제작 패러다임

영상 제작은 오랜 시간 동안 수작업으로 진행됐습니다. 기획부터 촬영, 편집, 색 보정까지 모든 단계에서 사람의 개입이 필수적이었죠. 하지만 AI 기술이 발전하면서 이러한 제작 과정이 혁신적으로 변화하고 있습니다. 이 장에서는 기존의 영상 제작 방식과 AI를 활용한 제작 방식의 차이점을 비교하고, AI 도구의 활용이 시간 효율성 측면에서 어떤 이점을 가져오는지 알아보겠습니다. 여기서는 요소별로 대표적인 AI만을 예시로 들었지만, 다른 AI도 거의 같이 작동합니다(참고로 저는 현재 ChatGPT, Claude, Midjourney, Vrew 유료 버전을 사용하고 있습니다.)

기존 제작 방식 vs 생성형 AI 활용 제작

일반적인 영상 제작은 매우 단계적이고, 각 과정에 많은 시간이 소요됩니다. 아이디어 구상과 스토리보드 작성의 기획부터, 촬영, 편집, 색 보정 등의 모든 과정은 짧은 시간 안에 고품질 영상을 제작해야 하는 숏폼 영상에서는 매우 비효율적입니다. AI 기술을 사용하면 기획부터 최종 보완까지 과정이 자동화되거나 반자동화되므로 더 빠르고 효율적인 제작이 가능합니다.

AI 트렌드 분석 툴을 활용해서 실시간 트렌드를 확보하고, ChatGPT 등의 인공지능으로 아이디어를 확장합니다. 생성형 AI인 Midjourney 등을 이용해서 스토리보드를 자동으로 생성하는 등, 모든 것을 사람이 할 때보다 빠른 시간에 해결됩니다.

02 숏폼 영상 기획 및 아이디어, 이미지 생성 AI 도구 살펴보기

기획 및 스토리보드, 프롬프트 생성

- Chat GPT https://chatgpt.com/
- Claude Sonnet https://claude.ai/
- 제미나이 https://gemini.google.com/u/1/app
- 뤼튼 https://wrtn.ai/

이미지 생성

- 미드저니 https://www.midjourney.com/explore?tab=top
- 스테이블 디퓨전 https://stablediffusionweb.com/ko/app/image-generator
- 이미지 FX https://aitestkitchen.withgoogle.com/ko/tools/image-fx
- 빙 이미지 크리에이터 https://www.bing.com/images/create?FORM=GENILP

영상 제작

- Vrew https://vrew.ai/ko/
- 캡컷 https://www.capcut.com/my-edit?start_tab=video
- 런웨이 https://runwayml.com/

03

생성형 AI를 활용한 숏폼 영상 기획 및 스토리보드, 이미지 생성하기

ChatGPT를 활용해 숏폼 영상 기획부터 스토리보드 생성 및 이미지 콘텐츠 생성까지 진행해보겠습니다. 가장 먼저, 기획 단계에서 ChatGPT에 아래와 같이 질문합니다.

> '너는 영상 제작 및 편집, 기획 전문가야. 20대 여성을 표적으로 삼는 2분짜리 숏폼 영상 주제 10개를 트렌드에 맞게 제안해 줘. 주제별로 핵심 포인트 3가지도 함께 제시해 줘'

1. 나만의 미니멀리즘 룸 투어
 - 집 안에서 꼭 필요한 것들로만 꾸민 공간 소개
 - 실용적이면서도 예쁜 인테리어 팁
 - 편안함과 여유를 더해주는 공간 배치 아이디어
2. 매일 아침을 특별하게 만드는 건강한 아침 루틴
 - 간단하고 빠르게 준비할 수 있는 건강한 아침 식단
 - 정신을 깨우는 간단한 아침 스트레칭이나 요가 동작
 - 아침 기분을 밝게 해줄 음악 또는 짧은 명상 팁
3. 여름 여행 준비물 소개
 - 필수 여행 가방 아이템 및 간단한 패킹 팁
 - 실용적이면서도 스타일리시한 패션 아이템
 - 여행지에서의 효율적인 짐 관리 방법
4. 내 피부에 맞는 스킨케어 루틴 찾기
 - 피부 타입에 따른 제품 추천 및 사용법
 - 화장 전 필수 스킨케어 단계 소개
 - 일상에서 실천 가능한 피부 관리 팁
5. 친환경 라이프스타일 시작하기
 - 일상 속에서 실천할 수 있는 간단한 친환경 습관
 - 다회용 제품 사용 장점 및 추천 아이템
 - 자원 재활용을 돕는 DIY 팁

1. "직장인 출근 전 모닝 루틴 리얼버전"
 - 시간대별 효율적인 준비 순서 공개
 - 아침 5분 메이크업 꿀팁
 - 옷 잘 입어 보이는 컬러 매치 방법
2. "천원 다이소 활용 원룸 수납 꿀팁"
 - 좁은 공간 수직 수납 활용법
 - 예쁜 수납 아이템 추천 TOP5
 - 깔끔하게 정리하는 폴딩 방법
3. "나 혼자 힐링하는 알찬 카페 브이로그"
 - 인스타 맛집 찾는 꿀팁
 - 혼카페 필수 준비물
 - 카페에서 a예쁜 사진 찍는 법
4. "기름진 피부도 투명하게! 무너짐 없는 기초화장"
 - 피부 유형별 프라이머 추천
 - 파운데이션 밀착력 높이는 테크닉
 - 테카테카 없이 세팅하는 법
5. "여름 원피스 하나로 4가지 스타일링"
 - 체형별 벨트 연출법
 - 레이어드 활용 팁
 - 악세서리 매치 포인트

6. 혼자서도 즐거운 나만의 홈 카페 만들기
  - 집에서 간편하게 만들 수 있는 커피/음료 레시피
  - 홈카페 인테리어 소품 추천
  - 일상을 여유롭게 만드는 홈카페 분위기 연출법
7. 나만의 개성 살리는 패션 스타일링 꿀팁
  - 체형에 맞는 스타일링 방법 소개
  - 적은 예산으로 다양한 룩을 연출하는 방법
  - 데일리 룩에서 포인트 줄 수 있는 액세서리 제안
8. 자기 계발을 위한 1일 1페이지 읽기 습관
  - 바쁜 일상 속에서 독서 시간을 확보하는 법
  - 주제별 추천 도서 및 요약 소개
  - 매일 한 페이지 읽기로 성장하는 방법
9. 아침을 상쾌하게 시작하는 나만의 플래너 사용법
  - 하루의 일과를 효율적으로 계획하는 플래너 팁
  - 목표와 할 일을 잘 구분하는 플래너 작성법
  - 지속 가능한 플래너 활용 습관 기르기
10. 쉽고 간단한 주간 운동 플랜 짜기
  - 주별 목표 설정 및 일일 운동 플랜 소개
  - 초보자를 위한 집에서 할 수 있는 운동 추천
  - 운동 효과를 높이는 스트레칭과 마무리 요령
이 주제들은 현재 트렌드와 타겟 시청자에 맞게 구성되었습니다. 주제별 핵심을 통해, 시청자들이 정보를 쉽게 받아들이고 일상에서 활용할 수 있도록 돕습니다.

6. "꾸안꾸 필수템 유니클로 하울"
  - 20만 원으로 완성하는 데일리룩
  - 체형별 추천 아이템
  - 컬러 믹스매치 노하우
7. "편의점 재료로 만드는 술안주 레시피"
  - 5분 만에 완성하는 간단 요리
  - 비주얼 업그레이드 플레이팅
  - 안주 조합 추천
8. "다이어트해도 맛있는 오트밀 레시피 5가지"
  - 식사 대용 영양 만점 레시피
  - 칼로리 낮추는 재료 활용법
  - 인스타 감성 플레이팅 팁
9. "편의점 음료수로 만드는 홈 카페 레시피"
  - 카페 못지않은 비주얼 연출
  - 가성비 좋은 재료 조합
  - 예쁜 사진 찍는 팁
10. "퇴사 0년 차가 알려주는 이직 준비 꿀팁"
  - 포트폴리오 작성 노하우
  - 면접 필수 준비 사항
  - 연봉 협상 팁
제작 시 주의 사항
  - 첫 3초 내 핵심 메시지 전달
  - 세로형 촬영 최적화
  - 자막은 간결하고 눈에 띄게
  - 트렌디한 BGM 활용
  - 마지막에 액션 유도 문구 삽입
이러한 주제들은 현재 트렌드와 20대 여성들의 관심사를 반영하였으며, 각각 실용적이고 공감될 수 있는 내용으로 구성했습니다.

위 답변 중에서 Chat GPT의 답변을 활용해서 구체적인 스토리보드와 이미지 생성을 위한 프롬프트를 만들어 달라고 요구합니다.

> '위 10가지 20대 여성을 표적으로 삼는 숏폼 영상을 만들려고 해. 각각의 스토리보드를 만들어 주고, AI 생성형 이미지를 만들기 위한 프롬프트를 만들어줘.'

각 주제에 맞춰 스토리보드와 AI 생성형 이미지 프롬프트를 제시하겠습니다. 각각의 주제는 2분짜리 숏폼 영상을 구성하는 흐름을 따라가며, 시청자의 관심을 끌 수 있도록 짧고 효과적으로 전달할 수 있는 이미지 아이디어를 포함합니다.

1. 나만의 미니멀리즘 룸 투어

스토리보드 :

1. 오프닝 : 방의 전체적인 모습, 미니멀한 인테리어 강조.
2. 장면 전환 : 주요 가구와 꼭 필요한 물품 소개.
3. 클로즈업 : 실용적인 인테리어 소품과 수납 방법.
4. 장면 전환 : 깔끔하게 정리된 옷장이나 책상.
5. 클로즈업 : 편안한 휴식 공간, 예를 들어, 소파와 작은 테이블.
6. 엔딩 : 공간이 주는 여유로운 분위기 강조, 따뜻한 조명으로 마무리.

프롬프트 :

"Minimalist room with essential furniture, neutral color palette, clean and uncluttered. Show simple decor items, cozy sofa, and organized shelves for a minimalist home tour."

2. 매일 아침을 특별하게 만드는 건강한 아침 루틴

스토리보드 :

1. 오프닝 : 밝은 주방, 건강한 아침 식사를 준비하는 장면.
2. 장면 전환 : 간단하게 요리하는 과일이나 시리얼, 건강식들.
3. 클로즈업 : 음식이 담긴 그릇과 다양한 재료.
4. 장면 전환 : 아침 스트레칭이나 요가하는 모습.
5. 클로즈업 : 조용한 음악이나 짧은 명상.
6. 엔딩 : 에너지 넘치는 아침을 시작하는 모습.

프롬프트 :

"Bright kitchen scene with fresh fruits, yogurt, and granola. Minimal yoga poses on a mat with morning sunlight, peaceful and refreshing."

3. 여름 여행 준비물 소개

스토리보드 :

1. 오프닝 : 여행 가방과 필수 아이템이 펼쳐진 모습.
2. 장면 전환 : 여권, 보조 배터리, 선글라스 등 필수 준비물 클로즈업.
3. 클로즈업 : 스타일리시한 여름 패션 아이템(모자, 선글라스).
4. 장면 전환 : 짐을 효율적으로 싸는 팁 소개.
5. 클로즈업 : 압축백이나 정리된 가방의 내부.
6. 엔딩 : 가방을 닫고 출발하는 장면.

프롬프트 :

"Summer travel essentials with sunglasses, passport, compact makeup, and sun hat. Stylish packing scene with neatly folded clothes in a suitcase."

4. 내 피부에 맞는 스킨케어 루틴 찾기
스토리보드 :
1. 오프닝 : 세안 후 피부 상태를 체크하는 모습.
2. 장면 전환 : 피부 타입에 맞는 스킨케어 제품 배열.
3. 클로즈업 : 각 제품을 바르는 모습, 피부에 흡수되는 과정.
4. 장면 전환 : 화장 전 필수 기초화장 순서.
5. 클로즈업 : 피부가 촉촉하고 빛나는 모습.
6. 엔딩 : 스킨케어 후 편안한 모습, 상쾌한 마무리.
프롬프트 :
"Clean and fresh skincare products arranged by skin type. Close-up of moisturizer and toner application on healthy, glowing skin."

5. 친환경 라이프스타일 시작하기
스토리보드 :
1. 오프닝 : 재활용할 수 있는 다회용 제품 소개.
2. 장면 전환 : 텀블러와 에코백을 사용하는 모습.
3. 클로즈업 : 화장품 리필이나 재사용 용기.
4. 장면 전환 : 일상 속 실천 가능한 친환경 습관.
프롬프트 :
"Eco-friendly lifestyle with reusable items like a tumbler, eco bags, and glass jars. Simple, sustainable DIY craft ideas and recycled materials."

6. 혼자서도 즐거운 나만의 홈 카페 만들기
스토리보드 :
1. 오프닝 : 홈 카페 전체 세팅, 커피 기계나 다양한 컵.
2. 장면 전환 : 간단한 커피 레시피, 우유와 커피 추출 과정.
3. 클로즈업 : 아트폼을 얹은 커피 컵.
4. 장면 전환 : 홈 카페를 꾸미기 위한 인테리어 소품.
5. 클로즈업 : 디저트 접시와 함께 세팅된 테이블.
6. 엔딩 : 홈 카페에서 즐기는 여유로운 시간.
프롬프트 :
"Cozy home café with coffee machine, minimalist décor, and latte art. Bright table setup with simple desserts and coffee cups."

7. 나만의 개성 살리는 패션 스타일링 꿀팁
스토리보드 :
1. 오프닝 : 의류와 패션 소품을 보여주는 장면.
2. 장면 전환 : 체형에 맞춘 스타일링 팁.
3. 클로즈업 : 다양한 액세서리, 포인트를 주는 방법.

4. 장면 전환 : 예산 절감으로 룩 연출하기.
5. 클로즈업 : 구두나 가방으로 룩의 완성도 높이기.
6. 엔딩 : 스타일링을 마친 모습.
프롬프트 :
"Fashion styling tips with different clothing options, bold accessories, and budget-friendly looks. Close-up of shoes and bags adding style."

8. 자기 계발을 위한 1일 1페이지 읽기 습관
스토리보드 :
1. 오프닝 : 독서하는 모습, 책을 펼쳐 드는 장면.
2. 장면 전환 : 매일 한 페이지씩 읽으며 성장하는 아이디어.
3. 클로즈업 : 책의 페이지를 넘기는 모습.
4. 장면 전환 : 추천 도서를 소개하고 요약.
5. 클로즈업 : 메모와 하이라이트로 기록하는 장면.
6. 엔딩 : 책을 덮고 성취감을 느끼는 모습.
프롬프트 :
"One-page reading habit, with open books, notes, and highlighters. Calm reading setup, close-up of pages being flipped."

9. 아침을 상쾌하게 시작하는 나만의 플래너 사용법
스토리보드 :
1. 오프닝 : 플래너와 펜 세트.
2. 장면 전환 : 하루의 일정을 계획하는 모습.
3. 클로즈업 : 플래너의 목표와 할 일 목록 작성.
4. 장면 전환 : 중요한 일정 표시와 체크박스.
5. 클로즈업 : 커피와 함께하는 플래너 작성.
6. 엔딩 : 플래너를 덮고 활기차게 하루를 시작하는 모습.
프롬프트 :
"Daily planner with to-do list and colorful markers. Writing goals, highlighting priorities, and coffee next to planner for a productive morning."

10. 쉽고 간단한 주간 운동 플랜 짜기
스토리보드 :
1. 오프닝 : 요가 매트와 운동 도구가 놓인 모습.
2. 장면 전환 : 주간 운동 플랜을 기록하는 모습.
3. 클로즈업 : 간단한 스트레칭과 기본 동작.
4. 장면 전환 : 일일 운동 목표 설정.
5. 클로즈업 : 실내에서 쉽게 따라 할 수 있는 운동.
6. 엔딩 : 운동을 마치고 상쾌한 표정.
프롬프트 :
"Simple weekly workout plan on a planner with yoga mat, light weights, and exercise gear. Basic stretches and at-home workout moves."

10개의 스토리보드와 이미지 생성을 위한 프롬프트가 만들어졌습니다. 이 중에서 하나를 선택해서 스토리보드를 생성해 보겠습니다.

> 1. 나만의 미니멀리즘 룸 투어
>
> 프롬프트 :
>
> "Minimalist room with essential furniture, neutral color palette, clean and uncluttered. Show simple decor items, cozy sofa, and organized shelves for a minimalist home tour."

이 프롬프트대로 이미지를 생성하면, 스토리보드가 생성되는 것이 아니라 한 장의 이미지가 생성됩니다. 그래서 프롬프트를 약간 바꿔줘야 합니다. 프롬프트는 한국어로 해도 되지만, 아직은 영어가 더 좋은 결과물을 보이기 때문에 번역기를 사용합니다.

영한 번역기

— 파파고 https://papago.naver.com/
— DeepL https://www.deepl.com/en/translator

| 패션 제품을 위한 쇼케이스용 스토리보드를 만들어줘. 미니멀 스타일, 흰색 배경, 6프레임 시퀀스, 전문적인 구성 —AR 16:9 | Create a storyboard for a showcase for a fashion product. Minimalist style, white background, 6-frame sequence, professional composition --AR 16:9 |

이 프롬프트를 복사해서 Chat GPT에 붙여 넣습니다. 아래와 같은 결과물이 나옵니다.

같은 프롬프트를 스테이블디퓨전(Stablediffusion)과 이미지 크리에이터(Image Creator)에서도 이미지를 생성합니다.

〈Stablediffusion〉

〈Image Creator〉

다른 방식으로는, 각 주제에 따른 6개의 장면별로 이미지를 생성할 수도 있습니다. 단, 이것은 이미지 생성이지 스토리보드 생성이 아닙니다.

'아래 스토리보드에 대한 6장면의 AI 생성형 이미지를 만들려고 해. 6장면 각각의 이미지 생성을 위한 프롬프트를 만들어줘.
〈여름 여행 준비물 소개〉
스토리보드 :
1. 오프닝 : 여행 가방과 필수 아이템이 펼쳐진 모습.
2. 장면 전환 : 여권, 보조 배터리, 선글라스 등 필수 준비물 클로즈업.
3. 클로즈업 : 스타일리시한 여름 패션 아이템(모자, 선글라스).
4. 장면 전환 : 짐을 효율적으로 싸는 팁 소개.
5. 클로즈업 : 압축백이나 정리된 가방의 내부.
6. 엔딩 : 가방을 닫고 출발하는 장면.

여름 여행 준비물을 주제로 한 6개의 장면을 위한 이미지 생성 프롬프트는 다음과 같습니다:
1. 오프닝 - 여행 가방과 필수 아이템이 펼쳐진 모습
   - 프롬프트: "An open travel suitcase with essential summer travel items neatly displayed. Items include clothes, toiletries, and travel accessories on a minimalist background, ready for a summer trip."

2. 장면 전환 - 여권, 보조 배터리, 선글라스 등 필수 준비물 클로즈업
   - 프롬프트: "Close-up of essential travel items including a passport, power bank, sunglasses, and smartphone, placed on a clean surface with minimalist styling, ready for a summer vacation."

3. 클로즈업 – 스타일리시한 여름 패션 아이템 (모자, 선글라스)
  – 프롬프트: "Close-up of stylish summer fashion items including a wide-brimmed hat, sunglasses, and lightweight scarf, arranged on a white background with a minimalist aesthetic."

4. 장면 전환 – 짐을 효율적으로 싸는 팁 소개
  – 프롬프트: "A neatly packed suitcase showing efficient packing techniques. Clothes and items are organized in travel cubes and pouches with a clean, minimalist background, suggesting a well-prepared summer trip."

5. 클로즈업 – 압축백이나 정리된 여행 가방의 내부
  – 프롬프트: "Inside view of an organized travel suitcase, featuring compression bags and neatly folded clothing. Minimalist styling on a white background, highlighting efficient packing for a summer vacation."

6. 엔딩 – 여행 가방을 닫고 출발하는 장면
  – 프롬프트: "A closed suitcase placed by the front door, ready for travel. Clean minimalist background with warm lighting, suggesting the excitement of starting a summer journey."

각각의 프롬프트로 이미지를 생성했습니다. 위에서 만들어진 스토리보드와는 다른 느낌입니다. 이 단일 이미지를 가지고 영상을 생성할 수도 있고, 스토리보드로 영상을 생성할 수도 있습니다. 단일 이미지는 영상 썸네일로 사용도 가능합니다.

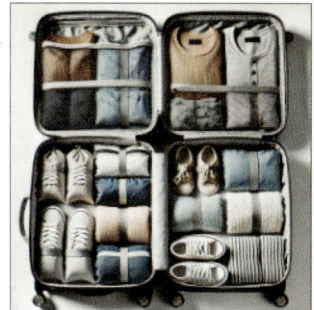

또 다른 프롬프트로 이미지를 생성해 보겠습니다. ChatGPT를 활용해서 콘텐츠 기획을 합니다.

'당신은 숏폼 콘텐츠 전문 기획자입니다. 20대 여성을 표적으로 삼는 '일상 뷰티 팁' 관련 30초~1분 길이의 영상 시리즈 5개를 기획해 주세요. 영상별로 다음 요소를 포함해 주세요:
1. 영상 제목
2. 핵심 내용 3가지
3. 오프닝 장면 구성
4. 클로징 멘트
5. 예상 촬영 시간'

1. 영상 제목: "아침을 위한 5분 스킨케어 루틴"
- 핵심 내용:
  1. 피부 타입에 맞는 클렌징 방법 소개
  2. 간단한 토너 및 에센스 사용법
  3. 보습 크림으로 마무리하여 피부 보호
- 오프닝 장면 구성:
   밝은 아침 햇살이 비추는 세면대에서 세안 준비를 하는 장면. 제품이 깔끔하게 정리된 모습과 상쾌한 아침 분위기 연출.
- 클로징 멘트:
   "매일 아침 5분으로 피부를 맑고 건강하게 유지하세요!"
- 예상 촬영 시간: 30초~1분

2. 영상 제목: "화장 잘 먹는 피부 만들기, 저녁 스킨케어 팁"
- 핵심 내용:
  1. 메이크업 잔여물 제거를 위한 클렌징 오일 사용
  2. 피부 재생을 돕는 나이트 크림과 세럼 소개
  3. 피부에 충분한 보습을 주는 슬리핑 마스크 팩
- 오프닝 장면 구성:
   하루를 마무리하며 세면대 앞에서 클렌징 오일을 사용하여 메이크업을 지우는 모습. 조명이 부드럽고 아늑한 분위기.
- 클로징 멘트:
   "하루의 피로를 풀고, 내일을 위해 피부에 휴식을 주세요!"
- 예상 촬영 시간: 45초~1분

---

3. 영상 제목: "즉각 광채 피부! 1분 홈 페이셜"
- 핵심 내용:
  1. 피부에 생기를 불어넣는 미스트 사용
  2. 즉각적인 효과를 주는 비타민 C 세럼 도포
  3. 글로우 크림으로 마무리해 건강한 광채 연출
- 오프닝 장면 구성:
   빠르게 스킨케어를 하며 변화를 보여주는 클로즈업 샷. 촉촉해진 피부와 반짝이는 효과 강조.

- 클로징 멘트:
  "1분으로 자신감 있는 피부, 이제 여러분도 경험해 보세요!"
- 예상 촬영 시간: 30초~45초

4. 영상 제목: "피부를 위한 저자극 클렌징 루틴"
- 핵심 내용:
  1. 민감한 피부를 위한 클렌징 젤 소개
  2. 손가락으로 가볍게 마사지하며 클렌징하는 법
  3. 찬물로 마무리하여 피부를 진정시키기
- 오프닝 장면 구성:
  민감한 피부 타입을 강조하며, 부드럽게 클렌징 젤을 사용하는 장면. 상쾌하고 깨끗한 느낌의 조명 사용.
- 클로징 멘트:
  "피부 자극 없이, 깨끗하고 산뜻하게 날마다 시작해보세요!"
- 예상 촬영 시간: 45초~1분

5. 영상 제목: "간단한 립 케어, 촉촉한 입술 만들기"
- 핵심 내용:
  1. 각질 제거를 위한 립 스크럽 사용법
  2. 보습을 위한 립밤이나 립 오일 도포
  3. 립 틴트로 자연스러운 색감 더하기
- 오프닝 장면 구성:
  립 케어 제품들이 깔끔하게 진열된 모습. 입술에 립 스크럽을 바르는 장면으로 시작.
- 클로징 멘트:
  "매일 간단하게 립 케어로 촉촉하고 생기 있는 입술을 유지하세요!"
- 예상 촬영 시간: 30초~45초

이렇게 완성된 영상 기획에 사용될 대표 썸네일을 생성형 AI를 사용해서 만듭니다. 거의 실제 사진과 비슷한 이미지가 만들어집니다.

> beautiful Korean woman, makeup tutorial, modern minimalist style, bright studio lighting, 8K quality, commercial photography, beauty influencer thumbnail, white background, professional beauty shot ―ar 16:9

04

자막, 음악, 편집을 위한 AI 도구 활용

자동 자막 생성과 번역

- Descript : https://web.descript.com/
- 음성 인식을 통해 자막을 자동 생성하고, 편집 기능도 지원합니다. 웹상의 영상도 URL 붙여 넣기로 자막을 추출할 수 있습니다. 아직 한국어는 지원되지 않으며, 한국어로 번역은 직접 해야 합니다. 검색엔진에 'Descript'를 검색합니다. 사이트에 접속해서 회원 가입을 합니다.

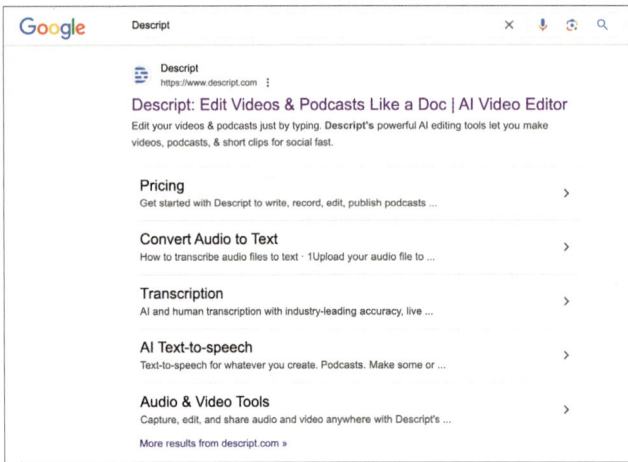
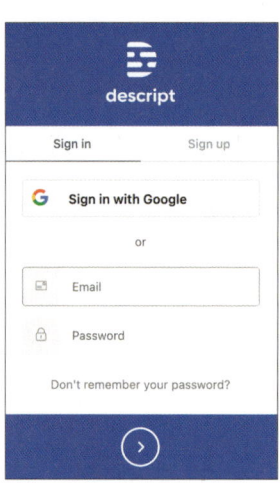

무료 플랜을 사용해서 자막 추출을 해 보겠습니다. Descript에서 무료로 제공하는 사용시간은 60분입니다. 첫 화면에서 오른쪽에 있는 'New Project/Audio project'를 누릅니다(이미지 12).

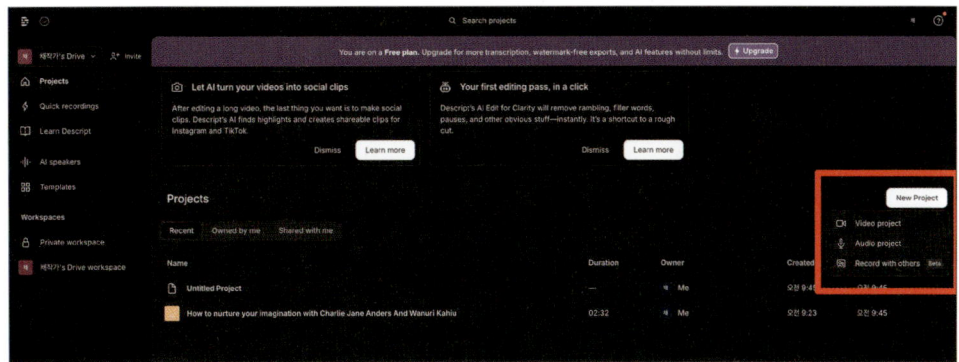

〈사진 12〉

영상 파일을 직접 올리거나(사진 13의 1), 영상 파일의 인터넷 주소를 복사해서 붙여 넣기 합니다(사진 13의 2). 테스트로 한글 영상을 붙여 넣었는데(사진 14), 영어로 자동 변환됩니다. 물론 완벽한 영어 변환은 아닙니다. 영상에 있는 script가 영어로 자동 생성됩니다(사진 15). 한글 자막으로 바꾸려면 번역기를 사용하면 됩니다. 유료 버전에서는 한국어로 번역할 수 있습니다.

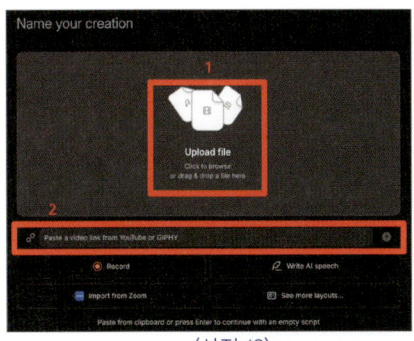

〈사진 13〉　〈사진 14〉

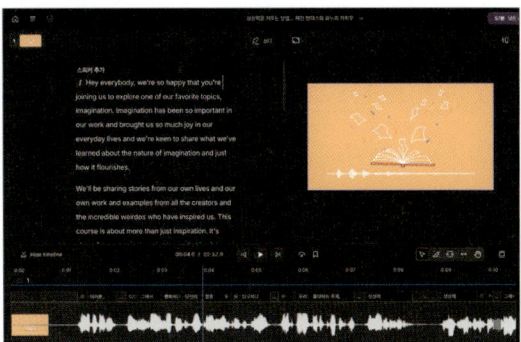

〈사진 15〉

- Vrew : https://vrew.ai/ko/ - 한국에서 만든 영상 편집 전문 AI입니다. 자동 자막 생성은 물론, 영상 편집, AI 목소리, 무료 이미지와 영상, 사운드, 영상 제작을 제공합니다.

Vrew를 실행하고 자막을 생성하려는 영상을 불러옵니다. 음성 분석 항목에서 영상 속 언어를 선택할 수 있습니다. 음성 분석이 끝난 영상이 프로젝트 화면에 나타납니다. 영상 속 언어를 자막으로 영상에 표시할 수도 있고(사진 16의 1), 번역 자막을 추가할 수도 있습니다(사진 16의 2). 번역을 누르면 언어 선택을 할 수 있습니다(사진 17). 번역 완료(사진 18)

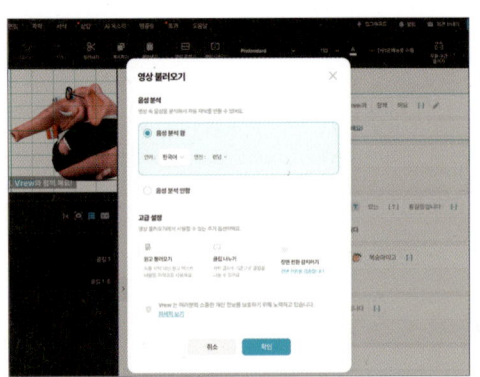

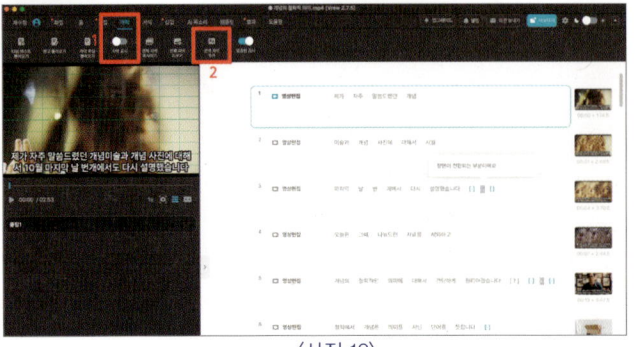
〈사진 16〉

〈사진 17〉

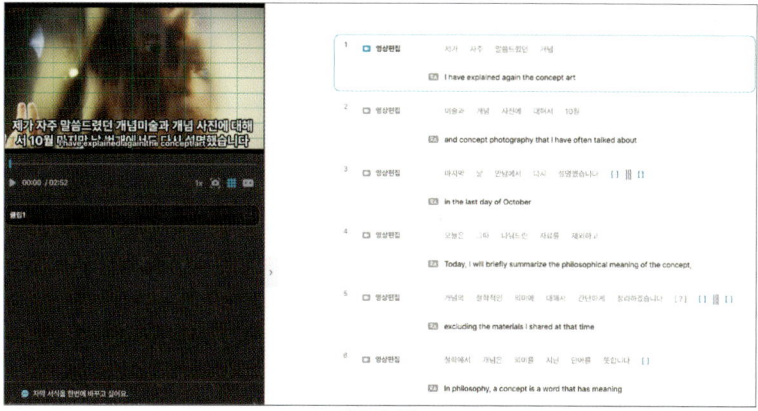

〈사진 18〉

음성 더빙

- ElevenLabs : https://elevenlabs.io/ - AI 음성 생성 도구입니다. 텍스트 음성 변환 및 음성 복제, 영상 음성 변환 등의 기능을 제공합니다. 검색엔진에서 ElevenLabs를 검색하면 나오는 사이트로 접속해서 회원가입을 합니다.

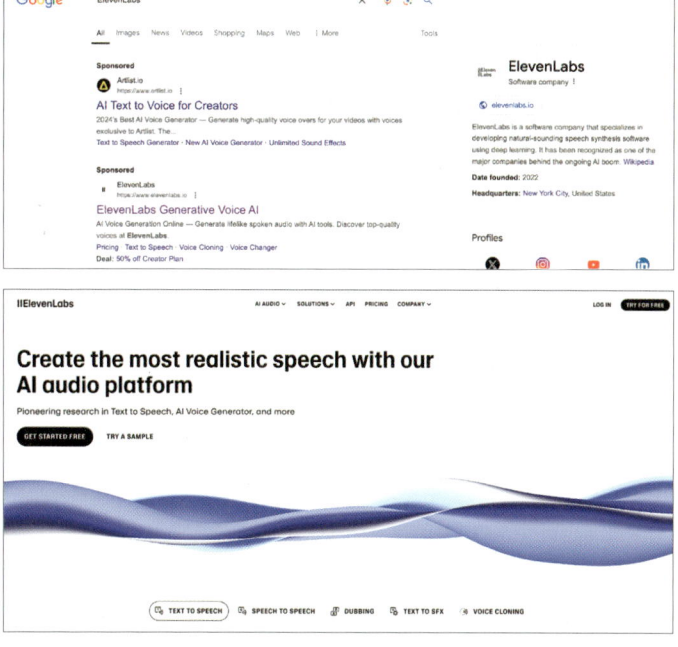

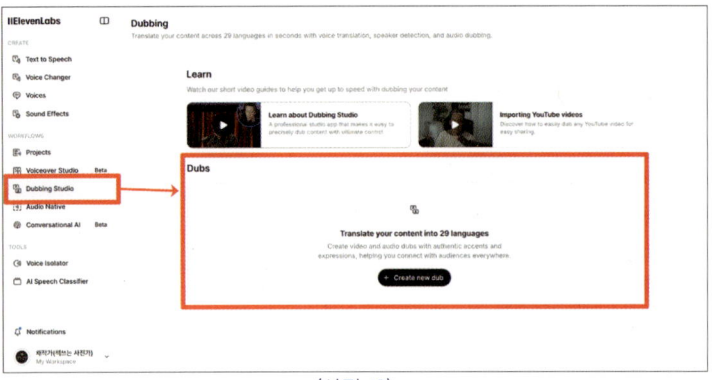

〈사진 19〉

로그인하고 첫 화면에서 중간 부분에 있는 'Dubbing Studio'를 누르면 음성 더빙을 할 수 있습니다. 프로젝트명과 영상 속 언어(영어)를 선택하고 더빙할 언어(한국어)를 선택해 줍니다(사진 20의 1). 더빙할 때 말하는 사람 숫자를 반드시 선택하고(사진 20의 2), 더빙을 시작합니다(사진 20의 3). 더빙이 완료되면 'Download'를 눌러 더빙이 완료된 영상을 내려받습니다.

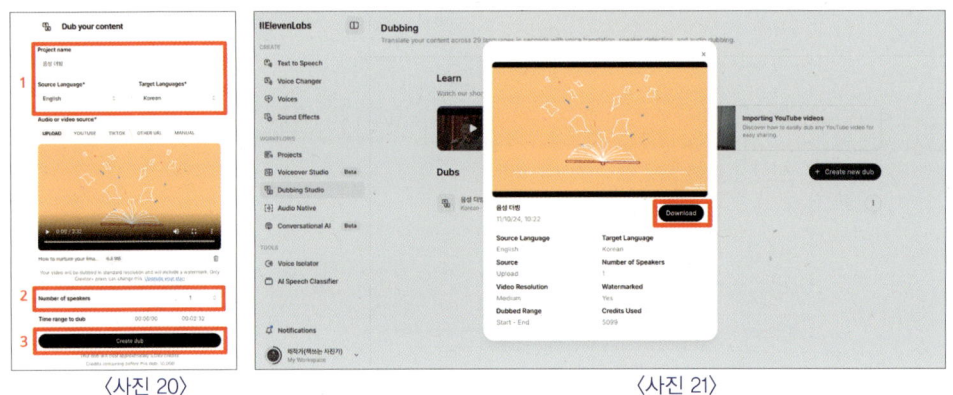

〈사진 20〉　　　　　　　　　　〈사진 21〉

배경음악 생성

- Mubert : https://mubert.com/ko - 저작권 없는 AI 무료 음악을 생성할 수도 있고, 이미 만들어진 저작권 프리' 뮤직을 사용할 수 있습니다. 검색창에 Mubert를 검색해서 아래 사이트에 접속합니다.

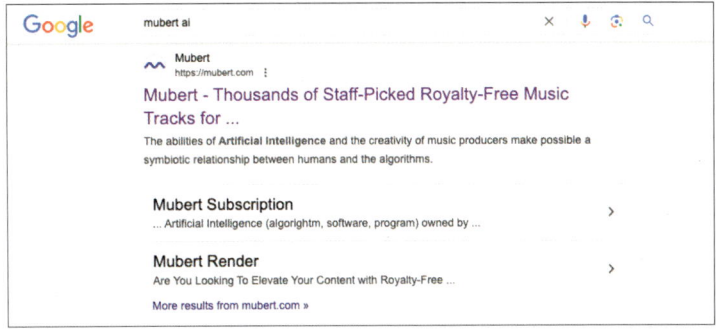

지금 트랙 생성을 누르면 메인 화면으로 이동합니다. 영어로 프롬프트를 입력하거나, 간단하게 원하는 분위기의 단어를 입력하고, 유형 설정은 '트랙'으로, 시간은 5초부터 25분까지 생성할 수 있습니다. 오른쪽에 있는 '트랙 생성'을 누르면 AI가 음악을 생성합니다. 단어 'Fantastic'을 눌러 음악을 생성했습니다. 오른쪽에 있는 번개 표시 옆의 ↓(다운로드)를 눌러 음악을 내려받습니다. 이미 생성된 음악을 사용할 수도 있습니다.

〈사진 22〉

〈사진 23〉

〈사진 24〉

- AIVA : https://creators.aiva.ai/ - 250개 이상의 다양한 스타일로 새로운 배경음악을 생성할 수 있는 AI 음악 생성 도우미입니다. 사용하는 방법은 Mubert와 비슷하지만, 음악 종류를 선택하기가 훨씬 다양하고 쉽습니다. 검색엔진에서 AIVA를 검색해서 나오는 사이트에 접속, 회원가입을 합니다.

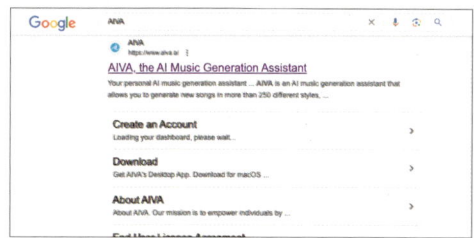 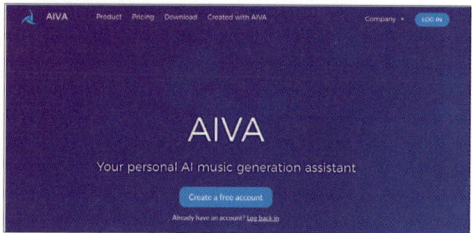

메인 화면에서 'Create a track'을 누르면 다양하게 음악을 생성하는 방법이 나오는데, 간단하게 'From a Style'을 선택합니다(사진 25). 음악 스타일을 검색해서 사용할 수도 있고, 이미 만들어진 음악을 Style에 따라 선택해서 생성할 수도 있습니다(사진 26). 플레이 버튼을 누르면 'Create'가 초록색으로 활성화되는데, 버튼을 눌러 음악을 생성합니다. 생성이 끝나면 메인 화면에 생성된 음악이 보이고, 다운로드를 누르면 파일 설정을 할 수 있습니다(사진 27). 무료 버전은 MP3만 지원됩니다.

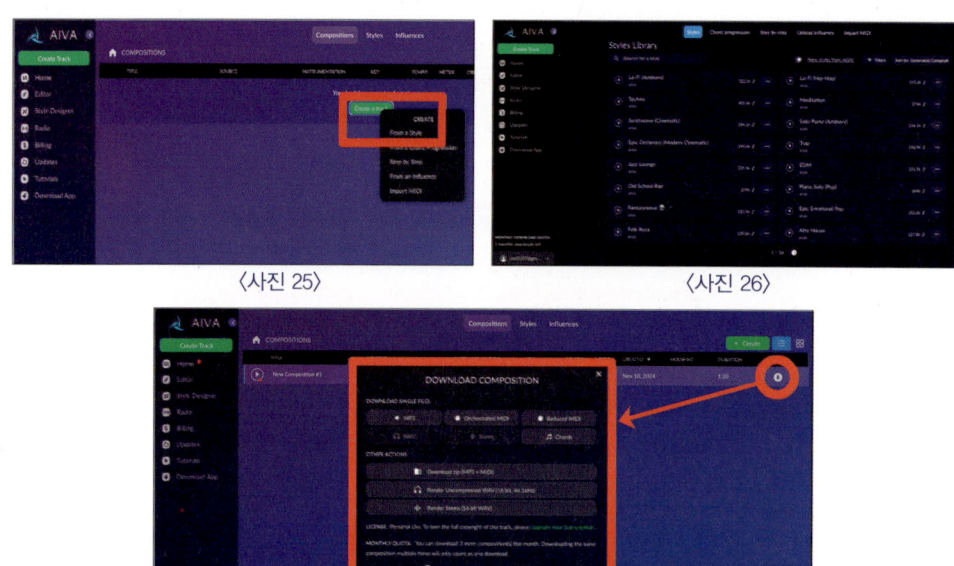

〈사진 25〉 〈사진 26〉

〈사진 27〉

05
영상 제작 AI 도구 활용

Invideo AI를 이용한 영상 제작 : https://invideo.io/

영상 제작에 관한 기술이 하나도 없어도, 주제만 입력하면 Invideo가 스크립트와 자막, 비주얼, 음성 해설 및 자막을 포함한 영상을 자동으로 제작합니다. 무료 버전으로도 충분히 사용할 수 있으며, 한국어 영상 제작도 지원하지만, 약간의 오류를 보여서 아직은 영어로 제작하는 것이 더 좋습니다. 하지만 영어 영상이 전 세계를 상대로 할 때 더 효과적일 수 있습니다.

검색엔진에서 Invideo를 검색, 나오는 사이트에 접속해서 회원가입을 합니다.

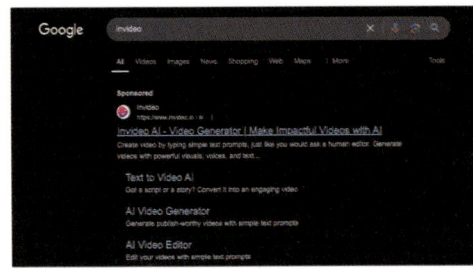 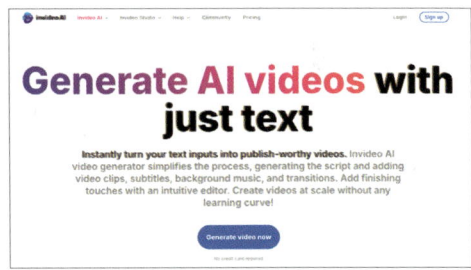

메인 화면에 프롬프트 상자에 영상에 대해서 길게 설명할 수도 있지만, 간단하게 주제만 적어도 영상 생성이 가능합니다. 영상 주제를 'Beauty Tutorial'이라고 정하고, 영상 형식은 아래에 있는 'YouTube Shorts'를 선택합니다(사진 28). 영상에 대한 세부 설정을 하는 화면이 나옵니다(사진 29). 영상 속도인 'Create a'는 'fast paced'로 설정하고(1), 영상 주제는 'Beauty Tutorial' (2), 배경음악은 자동으로 설정됐습니다. 언어는 '한국어'로 설정하고(3), Settings에서 여성 목소리(female)(4), Korean voice(5), 자막은 임의로 설정하라고 합니다(6). 이미지와 영상은 iStock과 YouTube Audio Library를 사용하도록 설정합니다(7,8).

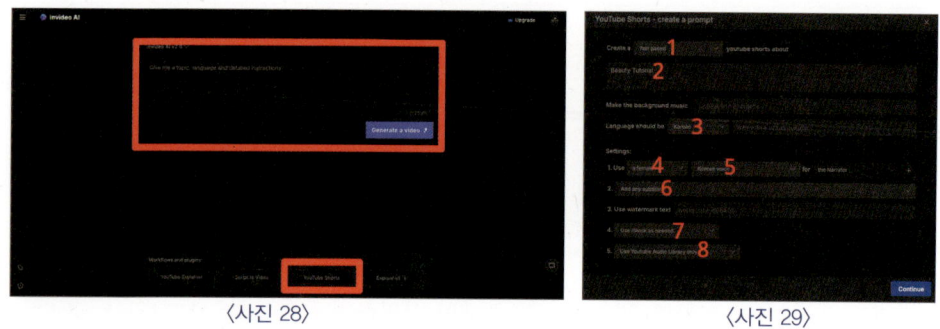

〈사진 28〉　　　　　　　　　　　　〈사진 29〉

메인 프롬프트 창에 주제와 세부 내용이 설정된 것이 보이면 아래쪽의 'Generate a video'를 누릅니다(사진 30). 세부 설정 화면이 다시 나옵니다. 설정을 끝내고 계속을 누릅니다(사진 31).

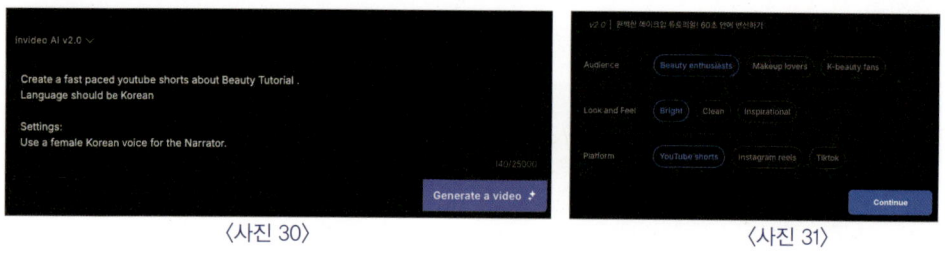

〈사진 30〉　　　　　　　　　　　　〈사진 31〉

영상이 만들어집니다. 만들어진 영상을 수정할 수도 있고, 내려받을 수 있습니다(사진 32). 'Download'를 누르면, 무료 버전에서 가능한 영상 설정이 나옵니다(사진 33).

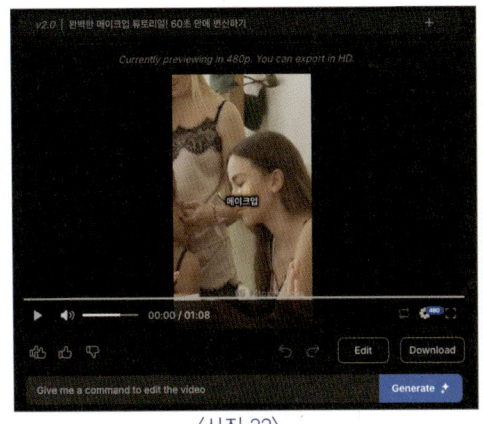
〈사진 32〉

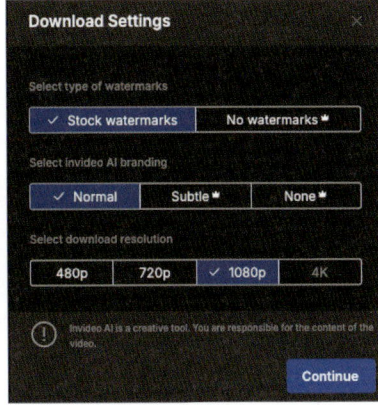
〈사진 33〉

Vrew를 이용한 영상 제작

Vrew를 실행, 홈 화면에서 '새로 만들기/텍스트로 비디오 만들기'를 누릅니다. 우리는 숏폼 영상을 만드는 것이기 때문에 '쇼츠 9:16'과, 자막 길이와 자막 위치를 잡아줍니다.

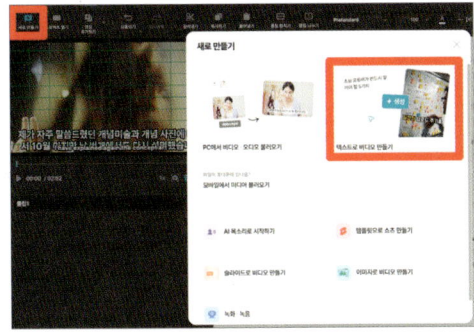

비디오 스타일은 '스타일 없이 시작하기'로 합니다. 제목과 대본을 입력하는 창이 나오면, Invideo와 동일하게 'Beauty Tutorial'을 입력하는데, 한국어로 만들기 위해서 'in Korean'을 붙여줍니다. 제목만 설정하고 오른쪽 '대본 쓰기/다시쓰기'를 누르면, 무료 버전은 GPT 3.5로, 유료 버전은 GPT 4.0으로 대본을 작성합니다. 완성된 대본을 수정할 부분은 수정하고, 오른쪽 성우 목소리를 눌러 마음에 드는 성우로 변경해 줍니다. 이미지와 비디오, 무료 비디오는 모두 활성화해 줍니다. 오른쪽 아래 '완료'를 누르면 영상이 만들어집니다. 제작된 영상은 미리보기를 한 후 내려받습니다.

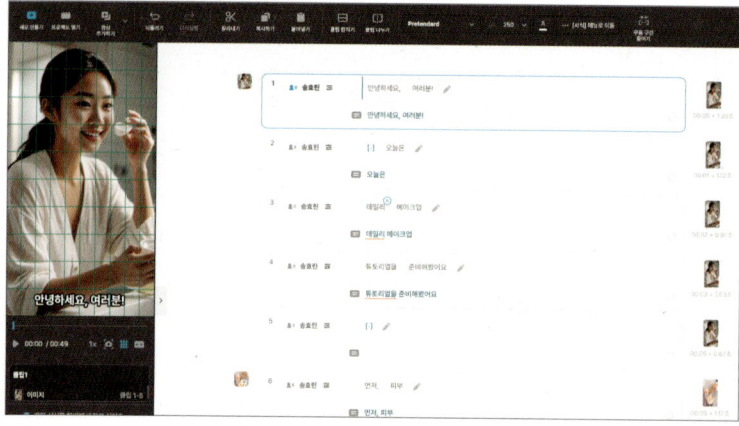